GUIDE COMPLET

DE LA

MÉTHODE B. WILHEM.

(QUATRIEME ÉDITION.)

PRIX

DES DIVERSES PARTIES

DE LA

MÉTHODE B. WILHEM.

Tableaux du Ier **Cours** (50 *feuilles*) . . . **6 f. 50 c.**

Tableaux du IIe **Cours** (45 *feuilles*) . . . **6 f.**

Guide complet . . . . **1 f. 50 c.**

IMPRIMERIE DE E. DUVERGER,
RUE DE VERNEUIL, No 4.

QUATRIÈME ÉDITION

DE LA

MÉTHODE B. WILHEM.

GUIDE COMPLET

OU

INSTRUCTIONS POUR L'EMPLOI SIMULTANÉ

DES

TABLEAUX DE LECTURE MUSICALE
ET DE CHANT ÉLÉMENTAIRE

PAR B. WILHEM,

Chevalier de la Légion d'Honneur; Directeur-inspecteur-général
de l'enseignement du chant dans les Écoles primaires de la ville de Paris; délégué général
pour l'inspection de l'enseignement universitaire du chant.

OUVRAGE

**Approuvé et recommandé par le Conseil royal de l'Instruction publique
et envoyé à toutes les écoles normales primaires.
Adopté par la Société pour l'Instruction élémentaire.
Choisi par le Comité central
d'instruction primaire de la ville de Paris.**

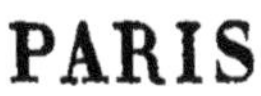

PARIS

LIBRAIRIE MUSICALE DE E. DUVERGER,
RUE RAMEAU, N° 6.

LIBRAIRIE CLASSIQUE DE L. HACHETTE,
RUE PIERRE-SARRAZIN, N° 12.

1839

TABLE DES MATIÈRES
DU GUIDE DE LA MÉTHODE.

PREMIÈRE PARTIE.

Organisation progressive de l'enseignement du chant.

1re Section. *Instructions préliminaires.*

N. B. Il faut ajouter ici que, dans les écoles primaires et dans la plupart des établissements où la Méthode est employée, on consacre généralement une leçon sur trois aux *seuls* moniteurs. Ce jour-là la leçon est faite par le professeur qui les occupe exclusivement de l'étude et de l'exécution des *chants d'ensemble* (de l'Orphéon ou de tous autres morceaux choisis par le professeur ou désignés pour le service de l'établissement). Dans les villes où, d'après le règlement universitaire (page 140), des réunions d'Orphéon seraient organisées comme à Paris, les morceaux qui ont été déchiffrés à première vue dans les *réunions partielles* s'étudient dans cette classe spéciale des moniteurs pour être répétés dans les réunions partielles, subséquentes, avant la *réunion générale* des *divisions de chants* de cette organisation musicale.

Dans d'autres localités, lorsqu'il n'y a que deux leçons par semaine, comme dans les cours annexés aux classes du soir pour les ouvriers, la leçon spéciale des moniteurs se donne, pendant une demi-heure, après la leçon générale.

SECONDE PARTIE.

CHAPITRES SPÉCIAUX AUXQUELS IL EST RENVOYÉ DANS LE COURANT DE LA PREMIÈRE PARTIE DU GUIDE, POUR LES DÉTAILS DES PROCÉDÉS DE L'ENSEIGNEMENT.

CHAPITRE Ier. *Devoirs du moniteur-général du chant.*

CHAPITRE II. *Exercices de vocalisation nommés* le chant par écho.

CHAPITRE III. *Procédés de l'écriture musicale.*

COMPLÉMENT DU GUIDE.

APPENDICE.

FIN DE LA TABLE DES MATIÈRES.

Envoi.

A vous, qui en 1815 *avez rapporté l'enseignement mutuel en France ;*

A vous, qui en 1833 *comme en* 1819, *avez fait prévaloir des convictions qui m'honorent;*

A vous, enfin, que j'ai trouvé il y a trente ans et qui n'avez jamais été perdu pour moi :

HOMMAGE

de reconnaissance et d'amitié inaltérable,

B. Wilhem.

Paris, février 1839.

A M. JOMARD.

MEMBRE DE L'INSTITUT,

Directeur de la Bibliothèque royale, Directeur de la Mission égyptienne en France; ancien Commissaire du Gouvernement pour la publication de l'ouvrage sur l'Egypte, etc.

AVANT-PROPOS.

On a pensé qu'il pourrait être utile à la propagation de *l'enseignement populaire du chant en France* de faire connaître les motifs de moralité et d'ordre qui ont déterminé le vote unanime du conseil municipal de la Ville de Paris, et l'approbation expresse de l'Université, lorsqu'il s'est agi, en mars 1835, d'introduire dans toutes les écoles communales l'enseignement du chant, qui existait dans plusieurs écoles élémentaires depuis 1819.

Nous allons donc publier, en tête de cette 4e *Edition de la Méthode B. Wilhem*, le Rapport fait au conseil municipal par sa commission musicale, composée de MM. H. Boulay de la Meurthe, Bouvattier, Cochin, Orfila et Perrier.

Comme COMPLÉMENT de ce Rapport, qui vise authentiquement toutes les pièces antérieures sur la Méthode, nous mentionnerons les progrès remarquables de l'enseignement du chant dans les écoles primaires pour les enfants, dans les cours du soir pour les adultes hommes, dans les écoles normales primaires, dans les grands établissements d'instruction publique, et enfin dans les écoles régimentaires.

Il sera parlé ensuite de l'heureuse consécration des réunions générales de chant de l'ORPHÉON, formés des meilleurs élèves du chant des écoles et des cours d'adultes hommes : modestes congrès de la grande famille musicale des enfants de Paris, touchants concerts de seule musique vocale que sont venus encourager et applaudir à l'Hôtel-de-Ville l'Université, l'Institut, le Conservatoire, la Presse musicale, et le monde artistique.

Viendront après, comme dans les précédentes éditions, un *Programme général des études musicales*, l'*exposé sommaire de la Méthode B. Wilhem* pour le premier degré de ces études, et enfin le GUIDE COMPLET, qui est destiné aux Professeurs pour les diriger dans l'emploi simultané des *Tableaux de chant* et dans la pratique des divers procédés de la Méthode.

Février 1839.

RAPPORT

FAIT

AU CONSEIL MUNICIPAL DE LA VILLE DE PARIS

POUR L'INTRODUCTION DE

L'ENSEIGNEMENT DU CHANT

DANS LES ÉCOLES PRIMAIRES GRATUITES

PAR UNE COMMISSION SPÉCIALE

FORMÉE DE MM. BOUVATTIER, COCHIN, ORFILA, PERRIER ET BOULAY DE LA MEURTHE, RAPPORTEUR.

Séance du 6 mars 1835.

Étaient présents MM. les Conseillers : Beau, Besson, Boulay (de la Meurthe), Bouvattier, de Cambacérès, Cochin, Ferron, Galis, Ganneron, Gatteaux, Girard, Grillon, Hérold, Husson, Jonet, Lafaulotte, J. Laffitte, Lahure, Lambert de Sainte-Croix, Lanquetin, Lavocat, Legentil, Lehon, Michau, Moreau, Parquin, Perrier, Perret, Preschez, Thayer.

Messieurs,

M. le Préfet vous propose de voter les fonds nécessaires pour l'introduction de l'enseignement du chant dans trente écoles primaires gratuites de la ville de Paris, et pour le traitement d'un Directeur-Inspecteur général de cet enseignement.

La création de cette place de Directeur-Inspecteur général de l'enseignement du chant, l'introduction simultanée de cet enseignement dans trente écoles, les termes même du mémoire de M. le Préfet, tout indique qu'il s'agit ici d'une question générale, celle de savoir si on dotera, à Paris, l'instruction primaire d'un nouvel enseignement, celui du chant.

Cette question a une grande importance ; le Comité central d'instruction primaire l'a déjà examinée et l'a résolue d'une manière affirmative ; nous demandons au Conseil la permission de la traiter avec quelque détail.

Nous l'examinerons d'abord sous le rapport de la légalité, ensuite sous celui de l'utilité ; après quoi, si nous trouvons qu'il est légal et utile de l'adopter, nous discuterons les voies et moyens de la mise en pratique.

I.

Dans cette première partie de son travail, destinée à l'examen de la question de légalité, et qu'il suffit d'analyser, le rapporteur établit que, si l'on s'en tient aux termes de la loi, la ville de Paris n'est obligée qu'à avoir une seule école primaire supérieure, et par conséquent une seule école où le chant doive être enseigné ; mais que, si l'on consulte l'intention du législateur, cet enseignement doit y recevoir une bien plus grande extension ; que les convenances municipales et l'équité exigent qu'il soit placé à la portée des élèves de tous les arrondissements, au lieu de n'appartenir qu'à un seul ou à quelques-uns ; que l'honneur de la capitale lui fait une loi de donner l'exemple au reste de la France, en le propageant ; qu'elle s'est déjà acquittée de ce devoir, en l'introduisant la première dans son instruction primaire, et qu'il lui importe d'achever sa tâche en le généralisant dans toutes les écoles.

Nous citons textuellement toute la seconde partie du Rapport, dans laquelle est traitée la question de l'utilité du chant.

II.

Mais cette mesure est-elle utile ? Cette question, la seconde de celles que nous devions traiter, n'en est plus une pour les amis éclairés de l'instruction primaire. Malheureusement leur nombre est encore bien faible, et, s'il faut s'affliger qu'il y ait si peu de personnes qui l'aiment, qu'il y en ait bien moins qui la comprennent, on ne peut cependant qu'en être médiocrement surpris. L'instruction du peuple a été chose si négligée en France, et depuis si longtemps, qu'on conçoit que ce n'est qu'au prix de longs efforts qu'on parviendra à en inspirer à tous l'intelligence et l'amour.

C'est donc une nécessité pour nous d'insister sur les avantages de l'enseignement du chant dans les écoles primaires.

Le chant n'a point été inventé; il résulte de l'organisation même que l'homme a reçue de la nature : son origine porte donc un cachet divin, et c'est une vérité que le paganisme a voulu sans doute mettre en lumière, quand il a donné pour inventeur à la musique ses dieux et ses demi-dieux.

Aucun autre art n'émeut aussi profondément que la musique. La Bible a rendu hommage à sa puissance en qualifiant les chantres de prophètes, et l'antiquité fabuleuse en racontant qu'il suffisait de quelques accords mélodieux pour apprivoiser les tigres et édifier les villes.

La musique se rencontre chez tous les peuples, à quelque faible degré de civilisation qu'ils soient parvenus; mais c'est surtout chez les nations anciennes les plus célèbres qu'il faut en étudier l'importance et les effets. Là son empire était immense; il s'étendait non-seulement à la science des sons, mais à la poésie, à l'éloquence, à la déclamation, à la saltation, à la gymnastique, et même à la grammaire. La musique avait fait de la langue grecque la plus harmonieuse qu'aient jamais parlée les hommes.

Les philosophes la regardaient comme la compagne nécessaire de toute éducation, depuis la première enfance jusqu'à l'âge de vingt ans. Platon, Aristote, Plutarque, Quintilien en prescrivaient l'étude; Epaminondas était loué de la posséder à fond, Thémistocle déconsidéré parce qu'il l'ignorait; Socrate déjà vieux, l'apprenait pour remplir une lacune de son éducation.

Les législateurs l'admettaient dans les temples des dieux, pour y inspirer la piété et l'amour de toutes les vertus; dans les fêtes publiques, pour leur imprimer un caractère moral; dans les repas, pour en modérer les excès; dans les combats, pour y enflammer les courages.

Périclès institua à Athènes, en l'honneur de la déesse de la sagesse, les Panathénées, où se célébraient les joutes de la musique, dont le sujet était toujours la gloire des libérateurs de la patrie. A Lacédémone, les lois consacraient l'immutabilité de cet art, et Thimotée fut condamné à retrancher quatre cordes qu'il avait ajoutées à sa lyre, pour avoir, par cette innovation, offensé la majesté de l'antique musique.

Les anciens employaient cet art comme moyen de faire aimer la vertu, de calmer les passions, d'adoucir les mœurs et de civiliser les peuples.

Les préceptes de la morale qu'ils enseignaient à la jeunesse étaient toujours parés de la double mélodie de la poésie et de la musique, afin de les rendre par là plus aimables, et de les graver mieux dans le cœur et dans la mémoire.

Terpendre, par ses accords harmonieux, rétablit la concorde parmi les Lacédémoniens prêts à se combattre. Une loi des Arcadiens, au dire du grave Polybe, contraignait les jeunes gens à étudier la musique jusqu'à l'âge de trente ans, et ce fut à cette loi qu'ils durent l'adoucissement de leurs mœurs et leurs progrès dans la civilisation, tandis que pour l'avoir négligée les Cynéthiens demeurèrent un peuple barbare et féroce.

Il entrait dans notre sujet de faire comprendre les merveilleux effets de la musique par ces exemples fameux empruntés aux nations qui l'ont autrefois le plus cultivée.

Au reste, les nations modernes ne l'ont pas ni toutes, ni incomplétement méconnue.

Il en est quelques-unes chez qui son enseignement est primaire et général. La religion s'en sert dans ses pompes, l'art militaire s'en est fait un secours obligé, et c'est souvent en chantant nos airs nationaux que nos soldats ont remporté des victoires et sauvé la patrie.

Les restaurateurs de la gymnastique s'en sont aidés dans leurs exercices.

Il résulte de tous ces faits qu'elle est un puissant auxiliaire, à quelque objet qu'on l'applique : appliquons-la donc à l'éducation de la jeunesse.

Elle manquait à la France. Enseignée dans ses écoles primaires elle s'acclimatera sous son beau ciel; elle accroîtra son patrimoine intellectuel et moral, avec d'autant plus de promptitude qu'elle convient mieux à l'heureux caractère de la nation.

Déjà même sa puissance de moralisation n'est plus pour nous un problème. Nous n'entendons pas parler ici de ses effets physiologiques, que l'étude de soi-même a pu révéler à chacun de nous; nous voulons parler de ses résultats réels obtenus dans les écoles où le chant est déjà enseigné.

Non-seulement ces écoles se font remarquer entre toutes les autres par leur bonne tenue et par leurs succès; mais, dans ces mêmes écoles, les élèves du chant se signalent parmi leurs camarades par plus d'application, de politesse et de douceur.

Le chant attire les enfants aux écoles et leur fait aimer leur discipline et leurs études.

S'il est vrai que le but de toute bonne éducation doive être de développer toutes les facultés que l'homme tient de la nature, l'ouïe et la voix ont droit à ce développement : le chant y pourvoit; il est, à vrai dire, la gymnastique de la voix et de l'oreille.

Il fait aussi, dans les écoles, l'office de mnémonique; à l'instar de ce qui avait lieu chez les anciens, les paroles du chant renferment des maximes morales qui s'impriment par cela mêmed'autant mieux dans l'âme des enfants.

On leur fait apprendre, au moyen du chant, des choses difficiles à retenir, telles que la table de Pythagore.

Dans le passage d'un enseignement à un autre, le chant règle le mouvement des marches; il est un repos nécessaire et agréable, une récréation qui tourne au profit de l'ordre et de la morale; il délasse le corps, il rafraîchit l'esprit et le prépare à de nouveaux travaux.

Le charme qu'il a pour les enfants est tel que souvent on les voit consacrer à son étude le temps de leurs repas et de leurs jeux.

Dans cet amour que lui porte l'enfance il est permis de prévoir celui que lui vouera l'âge mûr; il est permis d'espérer qu'un jour un plaisir qui élève l'âme pourra remplacer pour le peuple ces plaisirs qui l'abrutissent et qui le ruinent.

Ce fait s'est déjà réalisé en Allemagne. Enseignée dans toutes ses écoles primaires, la musique est devenue un plaisir pour toute la nation, et, sans doute, le peuple allemand lui doit en partie ce caractère de moralité qui le distingue entre tous les peuples modernes.

Le chant sera, pour la classe ouvrière, une source de professions lucratives où elle puisera de nouveaux moyens d'existence; il l'aidera à perfectionner plusieurs industries qui ont besoin de la régularité des mouvements; il sera un délassement dans ses travaux pénibles, un attrait pour son humble foyer domestique.

La France peut lui devoir des vocations qui feront la gloire de sa scène lyrique et qui l'affranchiront d'un impôt considérable qu'elle paie à l'étranger.

Sous le point de vue national, l'enseignement du chant se recommande encore à d'autres titres.

Qui de nous, à moins que son organisation ne soit incomplète, n'a souvent été blessé de ces chants grossiers que fait entendre le peuple et qui offensent l'oreille autant que le bon sens? Qui de nous, pour peu qu'il ait quitté l'ombre de son clocher, n'a gémi de rencontrer à chaque pas, dans notre pays, de nouveaux patois exprimés dans des intonations sauvages? La langue même, celle que parlent les classes qui ont reçu une éducation relevée, manque de prosodie et d'harmonie jusque dans ses vers. En France, il est vrai de le dire, il n'y a ni justesse de l'oreille ni justesse de la voix.

Tous ces vices tiennent à l'absence complète de l'enseignement du chant dans l'instruction primaire. Comblez cette lacune, et deux générations ne se seront pas écoulées que déjà le peuple sera policé dans ses chants comme dans son langage. Les organes de tous auront acquis cette sensibilité qui ne laissera pas passer une inflexion vicieuse sans la condamner. Ces accents barbares de nos patois disparaîtront avec eux. Un véritable chant national se constituera ; la langue deviendra plus harmonieuse, et la France, qui fait son palladium de l'unité, y tendra dans l'intonation de son langage comme en toutes choses.

Sous quelque rapport donc qu'on l'envisage, moral, normal, économique et national, l'enseignement du chant est utile.

III.

Peut-être, à l'aspect de tant d'avantages, serait-on tenté de se demander comment il a pu arriver que le chant ait tant tardé à s'introduire dans nos écoles et à quelle occasion cet avénement s'est opéré?

Le 23 juin 1819, M. de Gérando, le premier, proposa à la Société pour l'instruction élémentaire d'enseigner le chant dans les écoles primaires. Cette proposition fut sur-le-champ comprise et adoptée[1].

A quelques jours de là, son auteur rencontrant Bérenger : « Nous nous occupons d'introduire le chant dans les écoles, » lui dit-il ; « connaissez-vous un musicien ? — J'ai votre homme, » répondit Bérenger ; et le soir il en parla à M. B. Wilhem.

Cette semence était tombée dans une bonne terre ; bientôt elle porta ses fruits[2].

M. B. Wilhem créa sa méthode ; elle fut examinée à fond, expérimentée et adoptée par la Société élémentaire, introduite d'abord dans ses écoles et dans quelques-unes de celles de Paris, puis bientôt dans celles des principales villes de France[3].

C'est ainsi que l'enseignement du chant élémentaire a pris pied dans notre pays. Aujourd'hui, le législateur en a senti l'importance et l'a compris dans ses prescriptions ; l'Université vient d'approuver et de recommander la Méthode de M. B. Wilhem, et de l'envoyer à toutes les écoles normales primaires.

IV.

Maintenant que nous sommes fixés sur la convenance et

(1) *Proposition de M. de Gérando* (Journal d'Éducation, tome VIII, page 234, et Appendice du *Guide de la Méthode*, page 109).

(2) *Préface de la 3e édition de la Méthode* (Appendice, page 111).

(3) *Rapport sur les Méthodes de chant* (Journal d'Education, tome VIII page 239, et Appendice, page 121).

Rapport du 29 mars 1820 *sur l'enseignement du chant à l'École Saint-Jean-de-Beauvais.*—Méthode B. Wilhem (Journal d'Éducation, tome IX, page 202 ; Appendice, page 128) ; 1re *adoption de la Méthode B. Wilhem* (Journal d'Éducation, tome IX, page 202, et Appendice, page 130) ; *Rapport de M. Francœur sur l'incident d'une réclamation* (Appendice, page 132) *Rapport au Ministre de l'intérieur, et décision ministérielle* (Appendice, page 133).

sur l'utilité de la mesure proposée, occupons-nous de son exécution et des dépenses qu'elle entraînera.

L'enseignement du chant existe déjà dans neuf écoles mutuelles communales, d'après la méthode de M. B. Wilhem; il s'agit de l'introduire dans trente autres. Ce premier point ne peut pas souffrir de difficulté, puisque nous sommes convenus qu'il est utile et juste de généraliser l'enseignement du chant.

Il devra être donné par semaine, dans chaque école, trois leçons de chant d'une heure chacune. On ne peut pas accorder moins de temps à cet enseignement, si l'on veut qu'il soit sérieusement pratiqué.

Mais, dira-t-on, n'est-il pas à craindre qu'en prélevant pour le chant trois heures par semaine sur le temps des classes, qui n'est que de trente heures, il n'en reste trop peu pour les autres enseignements qui sont plus nécessaires que celui du chant?

Nous répondrons à cette objection que, bien loin de nuire aux autres enseignements, celui du chant leur est utile par la variété qu'il y apporte et par l'effet moral qu'il exerce sur le caractère des élèves : c'est ce que constate l'expérience des bonnes écoles. Que si, dans d'autres écoles, il semblait produire un effet contraire, ce serait l'indice certain d'un vice dans leur direction ; et, dans ce cas, ce ne serait pas le chant qu'il conviendrait d'en exiler, mais ce vice qu'il faudrait y corriger.

Disons encore qu'on n'admet dans les classes de chant que les élèves qui sont déjà parvenus à la lecture courante, c'est-à-dire que ceux qui sont déjà d'une certaine force en lecture et même dans les autres branches d'enseignement qui, d'ordinaire, marchent de front avec celle-là ; sans compter que plusieurs des procédés de la méthode de M. B. Wilhem constituent par eux-mêmes de véritables exercices de lecture. Le nombre des élèves du chant est habituellement du quart au tiers du nombre total des élèves.

Rappelons un fait : c'est que, dans l'origine, la récréation de chaque jour étant de deux heures, le temps de la leçon de chant fut pris sur celui de la récréation, et que cette diminution d'une heure de récréation, pour quelques élèves, fut bientôt suivie de la même diminution pour tous les autres ; de sorte que non-seulement l'enseignement du chant ne causa aucun préjudice de temps aux autres enseignements, mais que ceux-ci lui furent redevables de deux heures de plus par semaine pour les élèves du chant, et de cinq heures de plus pour les autres élèves [1].

Ajoutons que, dans la moitié des écoles, la troisième leçon sera donnée le jeudi, c'est-à-dire un jour de récréation.

Enfin émettons un vœu : c'est que les trois heures de classe du jeudi matin, qui n'ont été supprimées que par abus, soient rétablies. Une foule de raisons, sur lesquelles il est maintenant inutile de s'appesantir, sollicitent ce rétablissement [2].

Nous n'avons insisté sur cette objection tirée du temps consacré au chant, et sur les réponses qui y ont été faites, que parce qu'elle a été agitée long-temps dans le sein de la Commission, et qu'elle a fini par s'évanouir devant ces réponses.

V.

Venons maintenant à la question de la dépense. Elle est calculée de manière à ne s'élever, pour les trente-neuf écoles qui vont être dès à présent en possession de l'enseignement du chant, qu'à 370 francs par année et par école, et

(1) *Rapport* déjà cité (Appendice, page 121).

(2) La classe du jeudi matin a été rétablie peu après l'introduction du chant dans la généralité des écoles.

qu'à 5 francs 75 centimes par élève. Cette dépense diminuera encore pour les écoles qui seront fondées à l'avenir ; elle ne sera plus que de 216 francs par école, et de 2 francs 70 centimes par élève.

Le Rapporteur propose de donner à M. B. Wilhem le titre de Directeur-Inspecteur général de l'enseignement du Chant, et de fixer son traitement à 6,000 francs.

Bien qu'il ne soit pas dans les usages du Conseil de s'occuper des personnes, cependant, comme M. B. Wilhem peut seul aujourd'hui remplir les fonctions de Directeur-Inspecteur général de l'enseignement du chant, puisqu'il s'agit de l'organiser et de le généraliser d'après sa méthode, force nous est bien de le faire connaître au Conseil, et de lui dire quels sont ses titres à ce traitement annuel de 6,000 francs.

M. B. Wilhem va dès à présent exercer ses fonctions dans trente-neuf écoles, c'est-à-dire qu'il va une fois par mois se transporter dans chacune d'elles et lui consacrer une inspection et une leçon.

Ce n'est pas tout ; à mesure que s'augmentera le nombre des écoles où le chant sera enseigné, il augmentera le nombre de ses inspections et de ses leçons, sans prétendre à une augmentation de traitement.

Voilà ce à quoi il s'engage ; mais ce à quoi il ne s'oblige pas, et ce qu'il fera certainement, car il le fait déjà, c'est qu'il organisera le soir plusieurs réunions mensuelles, où il appellera tous les élèves du chant pour leur faire exécuter, à livre ouvert et par grandes masses, les morceaux de chant qu'il compose ou qu'il choisit pour son *Orphéon*, et qui contribuent ainsi à créer des chants nationaux [1]. Ce dont il

(1) Arrêté du Conseil royal, approuvé par le Ministre de l'instruction publique, sur les réunions de chant de l'Orphéon (séance du 8 mars 1836, Manuel général, et Appendice, page 140).

ne parle pas non plus, mais ce dont il s'acquittera avec la conscience qu'il apporte à tout ce qu'il fait, ce sont les travaux extraordinaires que nécessite toujours l'organisation première de l'enseignement du chant et les approches des distributions de prix.

Or, ces inspections, ces leçons, ces travaux multipliés vont forcer M. B. Wilhem à renoncer immédiatement à la plupart des cours lucratifs qu'il fait dans diverses institutions de Paris, et peut-être bientôt à tous ses cours. C'est donc dès à présent presque toute sa vie, c'est prochainement sa vie tout entière que M. B. Wilhem va donner à nos écoles.

Mais ces considérations, à notre avis, sont les moindres de celles qui sont propres à justifier l'allocation de 6,000 fr.

M. B. Wilhem, nous l'avons déjà dit, est l'inventeur de la Méthode qui porte son nom; après plus de quinze ans de travaux difficiles et continus, il l'a amenée à ce point de perfection qui lui a valu la préférence sur toutes les autres, même sur celles qui sont usitées en Allemagne, et qui lui a mérité d'être approuvée et recommandée par l'Université. Il l'a rendue d'une pratique facile et peu coûteuse, grâce à son désintéressement, qui lui a fait coter aux prix les plus bas des ouvrages et des tableaux dont le débit seul, à des prix plus élevés, pouvait l'enrichir. Ce même désintéressement l'inspire quand il consent à prendre en main la direction de toutes les classes de chant à Paris; car ce qu'il reçoit pour ce qu'il donne, dans cette circonstance, le constitue en perte. Mais il a senti qu'il importait à la cause du chant qu'il fût enseigné dans le véritable esprit de sa Méthode, à Paris, d'où ses élèves le propageront ensuite en tous lieux, tel qu'ils l'auront appris. Il a ainsi sacrifié à un modeste enseignement populaire sa vie, sa fortune, et nous allions presque dire sa gloire, celle que lui promettait son aptitude à des travaux d'un autre ordre, si la gloire ne devait être aussi la récompense des bienfaiteurs de l'humanité. M. B. Wilhem aura doté son pays d'un nouveau penchant, d'un goût général pour un art utile et agréable. Son nom restera éternellement attaché à l'œuvre du chant populaire, au souvenir d'une grande amélioration dans l'éducation nationale.

C'est cet homme de bien, si laborieux, si désintéressé, si plein de dévouement et de modestie, doué d'un talent si élevé, envers lequel il convient que Paris acquitte aujourd'hui une dette contractée par Paris et par la France. Votre commission a pensé, à l'unanimité, que le traitement de M. B. Wilhem ne pouvait pas être fixé à moins de 6,000 francs. Il y a plus, et pour qu'il soit bien entendu que ce traitement a moins encore pour objet de rétribuer les fonctions que de récompenser et d'honorer l'homme, nous vous proposerons de déclarer, dans votre délibération, que la fixation de ce traitement à 6,000 francs ne pourra pas tirer à conséquence, pour régler un jour celui du successeur de M. B. Wilhem.

[Suit la délibération du Conseil Municipal (page 137 de l'Appendice), basée sur les motifs du présent rapport: 1° en ce qui touche la légalité et l'utilité de la mesure proposée par M. le comte de Rambuteau, préfet de la Seine; 2° en ce qui regarde la dépense du chant dans chaque école, et l'allocation du traitement à attribuer à M. B. Wilhem.]

Pour copie et extrait conforme,

Signé: H. BOULAY (de la Meurthe),

Rapporteur.

N. B. Par une erreur bien involontaire sans doute, mais qu'il convient pourtant de relever ici, on a imprimé, en annonçant d'autres ouvrages, que les *Tableaux de M. B. Wilhem* sont d'un prix très élevé et souvent hors de proportion avec les ressources des écoles; voici les prix réels de cet ouvrage :

Tableaux du 1er *Cours* (enseignement primaire élémentaire), 6 fr. 50 c.; *Guide complet* de la Méthode : 1 fr. 50 c.

Tableaux du 2e *Cours* (enseignement primaire supérieur, faisant suite immédiate aux tableaux du 1er cours), 6 fr.

Non-seulement le prix du 1er *Cours* avec le *Guide complet* n'est que de 8 f., mais il y a obligation des éditeurs de vendre séparément le Guide, et chacun des deux Cours aux prix ci-dessus.

Les mêmes Cours, 1re *édition manuelle in*-8°, sont de 5 fr. et 4 fr.: total 9 f.

COMPLÉMENT DU RAPPORT,

OU

NOTICE SUCCINCTE

DES PROGRÈS DE L'ENSEIGNEMENT POPULAIRE DU CHANT,

Et de l'extension donnée aux réunions de l'Orphéon depuis le mois de mars 1835 jusqu'au mois de septembre 1838.

---

§ I. — *Progrès de l'enseignement gratuit et populaire du chant.*

L'enseignement gratuit et populaire du chant a commencé à Paris en septembre 1819, par le premier emploi de la méthode B. Wilhem [1]. Cette méthode, adoptée en mars 1820 par la Société pour l'instruction élémentaire, et approuvée par le Ministre de l'intérieur, fut introduite successivement dans les deux écoles de la Société et dans neuf écoles de la ville de Paris.

Au mois de mars 1835, sur la proposition de M. le comte de Rambuteau, préfet de la Seine, président du comité central d'instruction primaire, et d'après le rapport de la commission musicale composée de MM. Bouvattier, Cochin, Orfila, Perrier et H. Boulay (de la Meurthe), rapporteur, le Conseil municipal ayant voté à l'unanimité l'enseignement du chant élémentaire pour toutes les écoles communales de Paris, il fut donné immédiatement à 29 écoles de plus, d'après la méthode B. Wilhem (3ᵉ édition).

Le personnel de l'enseignement du chant se compose : 1° d'un Directeur-Inspecteur général de cet enseignement; 2° de répétiteurs ou professeurs de chant qui vont dans chaque école trois fois par semaine.

(1) *Rapport* déjà cité, page xv.

Le même enseignement du chant a lieu maintenant (août 1838) dans cinquante écoles mutuelles; on l'introduit progressivement dans les écoles simultanées dirigées par les frères de la doctrine chrétienne, et il se donne dans onze classes du soir, mutuelles ou simultanées, pour les adultes hommes[1].

Plus de trois mille enfants et de onze cents hommes sont ainsi à l'étude spéciale du chant, et la totalité des enfants de chaque école reçoit une bonne instruction musicale *préparatoire* par des exercices généraux de musique vocale, et en participant aux chants des marches et des prières. Les élèves qui changent si souvent de quartier retrouvent donc le chant partout.

§ II. — *Fondation et développements des réunions de chant de l'*ORPHÉON.

L'institution des *grandes réunions de chants d'ensemble*, dites *réunions générales de* l'ORPHÉON, à Paris, est peut-être ce qui a le plus contribué à fixer l'attention des autorités municipales ou scolaires, et celle du public éclairé, sur la possibilité d'améliorer le chant populaire par un enseignement convenable dans les écoles primaires (enfants et adultes hommes).

Les premières *réunions* de jeunes élèves pour l'étude des chants d'ensemble (assemblées qui ont été nommées depuis *réunions de l'Orphéon*) s'ouvrirent, en octobre 1833, dans le local de l'École du

(1) Voici à quelles dates les *Cours gratuits de chant* ont été ouverts le soir pour les ouvriers : 1° en février 1835, dans la classe d'adultes des frères de la rue Mongolfier, par M. Joseph Hubert, élève de M. B. Wilhem, et répétiteur en chef du chant dans les écoles communales ; 2° en janvier 1836, sous les auspices de l'Association polytechnique, premier cours de chant fait par M. Mermoud, devenu démissionnaire et remplacé par le même M. Joseph Hubert ; 3° au mois de mars suivant, et aussi sous les auspices de l'Association polytechnique, deux autres cours de chant, par M. Mainzer, auteur de la méthode qu'il emploie ; 4° enfin, de novembre 1836 à 1838, dans les classes faites le soir pour les adultes hommes des écoles communales, dix nouveaux cours de chant, par M. Joseph Hubert (Halle aux draps), et par les autres répétiteurs de chant : MM. Dreyfous, Foulon, Lelyon, Pauraux, Mouturat, Richard et Forestier.

passage Pecquet, où venaient se rendre, une fois par mois et de quartiers fort éloignés, les principaux enfants du chant des écoles élémentaires qui jouissaient déjà de cet enseignement. Vers la fin de 1835, M. B. Wilhem proposa d'étendre d'une manière régulière, à toutes les écoles communales, les avantages des réunions gratuites de l'*Orphéon*, et le comité central délibéra, le 26 novembre, un *règlement pour les réunions de l'Orphéon*, approuvé en conseil royal par le Ministre de l'instruction publique, les 8 mars et 11 novembre 1836[1].

§ III. — *Résultats généraux.*

Indépendamment des réunions générales de chant de l'Orphéon à l'Hôtel-de-Ville, d'autres résultats plus importants, sans doute, n'ont pas tardé à se manifester par l'exécution assez fréquente de bonne *musique sacrée*, soit dans les églises paroissiales des quartiers populeux de la capitale, soit dans les églises de plusieurs villages des environs de Paris.

A Versailles, les élèves maîtres de l'école normale primaire, instruits d'après la méthode par leur professeur, M. Aubry, ont chanté plusieurs fois à l'église Saint-Louis de belles messes de MM. Neukom, Adam et autres compositeurs du premier ordre, tandis que de leur côté les enfants des écoles communales, joints aux élèves du cours particulier de leur jeune maître M. Flamant, ont eu aussi leur réunion de l'Orphéon à l'hôtel municipal.

Tant d'heureuses tentatives faites à Paris, et de pareils résultats journellement annoncés des départements, ne permettent donc plus de douter de l'immense résultat moral et religieux qui se prépare en France par les succès généraux de l'enseignement du chant élémen-

(1) Les réunions de l'*Orphéon* sont *partielles* ou *générales*. Les réunions partielles ont lieu une fois par mois, pour chacune des quatre *divisions* qui comprennent les orphéonistes de trois arrondissements de Paris; les orphéonistes hommes forment une 5e *division*, qui s'assemble deux fois par mois; les *réunions générales* des cinq divisions se tiennent à des époques moins déterminées. (Voir le règlement de l'Orphéon déjà cité, Appendice, page 140.)

taire dans les écoles normales primaires, dans les écoles communales, et dans les cours gratuits ouverts pour les adultes hommes [1].

Bientôt certainement le chant, qui est déjà entré dans un assez grand nombre de colléges, sera régulièrement introduit partout, car ces établissements supérieurs ne peuvent pas rester en cela au-dessous des simples écoles primaires [2].

Enfin l'éducation musicale de la population entière aura été entreprise quand le *chant élémentaire* continuera à être donné aux écoles régimentaires comme à celles du 4e des hussards, où il a si bien prospéré. Cette instruction musicale, demandée d'ailleurs par plusieurs chefs de corps, va être immédiatement introduite dans l'école normale militaire de Saumur, dont l'honorable et habile général de Brack, ex-colonel du 4e des hussards, prend le commandement supérieur.

(1) Les exercices de chant ont été introduits avec succès et avantage dans la prison des jeunes détenus.

(2) Par arrêté du conseil royal (8 octobre 1838), approuvé par le Ministre de l'instruction publique, l'enseignement du chant est devenu obligatoire dans les colléges royaux.

N. B. Les premiers travaux de M. B. Wilhem, pour *l'enseignement populaire du chant* (1819-21), l'avaient fait admettre au nombre des membres du Conseil de la Société élémentaire dont il venait de recevoir une médaille d'argent. Il doit aujourd'hui, à sa persévérance dans le même enseignement et aux améliorations successives de son ouvrage, l'honorable position musicale créée pour lui par le Conseil municipal de la ville de Paris, la médaille en or de la Société qui avait couronné ses premiers efforts, une autre médaille de la Société des Méthodes d'enseignement, et enfin la décoration qu'il a reçue du Roi, sur la proposition du Ministre de l'instruction publique, non, sans doute, à titre de distinction personnelle, mais comme le signe solennel d'une adoption nationale de l'*enseignement populaire du Chant en France*.

FIN DU COMPLÉMENT DU RAPPORT.

PROGRAMME GÉNÉRAL

DES

ÉTUDES MUSICALES

ÉTABLISSANT TROIS DEGRÉS

D'INSTRUCTION MUSICALE

qui se rapportent

A LA LECTURE, A LA GRAMMAIRE ET A LA RHÉTORIQUE

DANS L'ÉTUDE DES LANGUES.

Quelques personnes, peut-être, ont eu des idées encore peu arrêtées sur l'ensemble des études de la musique, et sur les limites des diverses parties dont ces études se composent.

Il y a loin, sans doute, d'un musicien obscur, simple ménétrier de village au compositeur illustre dont l'Europe admire les productions; mais enfin ce qu'ils savent se rattache au même art ou à la même science, et ils touchent les anneaux extrêmes de la grande chaîne des connaissances musicales.

Quelles sont donc, en musique, les divisions rationnelles de l'enseignement complet? Nous les croyons indiquées par les trois énonciations générales qui caractérisent trois *degrés d'instruction* dans l'étude des langues, savoir :

1° *Lecture courante et récitation intelligente* (c'est aussi la LECTURE MUSICALE ou l'exécution vocale et instrumentale, à vue des signes écrits, ou de mémoire);

2° *Connaissances du rapport grammatical des mots, et des règles syntaxiques du langage* (c'est la GRAMMAIRE MUSICALE qui traite de la construction mélodique et harmonique de la phrase musicale, et qui fait connaître les règles de la succession logique des accords);

3° *Applications des règles de la grammaire aux formes variées du discours, et lois du goût sur l'emploi de ces règles et de ces formes* (c'est la RHÉTORIQUE MUSICALE qui, outre les applications de la science harmonique aux études du contrepoint et aux formes classiques de la *fugue*, du *canon*, etc., comprend la *composition* proprement dite et la *poétique musicale*).

Si le premier rapprochement que nous venons de présenter est agréé, plus de détails encore feront mieux connaître quelles sont les études musicales qui appartiennent à chacun des *trois degrés d'instruction* que nous venons d'établir.

Ier DEGRÉ DE L'INSTRUCTION MUSICALE

(Se rapportant à la lecture littérale et à la récitation intelligente).

LECTURE.

Exécution vocale ou instrumentale à vue, ou de mémoire.

Pour savoir *lire* une langue, il ne suffit pas d'en connaître les caractères isolés, il faut encore pouvoir former les articulations vocales indiquées par les divers assemblages de ces caractères; de même la véritable *lecture musicale* exige l'émission des sons musicaux, soit au moyen de l'organe vocal, soit à l'aide d'un instrument, et c'est ce qu'on nomme ordinairement *exécution musicale*.

Jouer d'un instrument de musique à vue de signes écrits,

c'est lire, c'est chanter avec cet instrument et faire usage d'un organe factice plus étendu que celui que nous tenons de la nature. Toute exécution musicale, quelle que soit d'ailleurs son importance ou sa difficulté, n'est donc réellement, par rapport à l'art, qu'une pure lecture, une sorte de débit plus ou moins heureux auquel des talents supérieurs savent ajouter un charme inexprimable. C'est ainsi que les grands artistes dramatiques semblent s'approprier les nobles et belles pensées que renferme la poésie, quand ils les offrent à notre admiration avec toute la perfection du débit oratoire.

Et comme les études grammaticales sont indispensables pour obtenir la pureté de diction, les études de la *grammaire musicale* (de la construction mélodique et harmonique du discours) sont également nécessaires à l'artiste, et même à l'amateur, dont elles agrandissent d'ailleurs les moyens d'exécution.

Aucun intermédiaire ne saurait exister entre chanter *juste* et chanter *faux;* il ne doit pas y avoir plus d'*à peu près* dans la lecture musicale que dans la lecture littérale, et, d'un côté comme de l'autre, la décomposition des difficultés amène un résultat semblable. Les élèves doivent lire couramment dans les livres; il faut qu'ils sachent solfier ou chanter de même.

Là sont posées les bornes des connaissances du *premier degré d'instruction musicale :* au-dessous ce n'est pas lire, c'est épeler, c'est ânonner; et au-dessus commencent les études du second degré, dont nous allons exposer succinctement la progression[1].

(1) On pourrait trouver à loisir, sans doute, une notation plus simple que la nôtre; mais il existe un obstacle contre lequel viennent échouer tous les projets de nouvelle écriture musicale : c'est que la musique n'est plus un art à former, et que tant de chefs-d'œuvre, s'ils n'en ont pas posé les limites, en ont du moins tellement multiplié les productions et consacré l'écriture que, dans l'impossibilité de pouvoir obtenir une transcription générale en nouvelle

IIe DEGRÉ DE L'INSTRUCTION MUSICALE

(Se rapportant scolairement à la connaissance grammaticale des mots et aux règles syntaxiques du discours).

GRAMMAIRE MUSICALE.

I.

Dans le système moderne de la composition musicale, le choix des sons et les lois de leurs relations mélodiques ou harmoniques dérivent de deux faits généraux qui régissent tous les faits particuliers de la pratique : ce sont la *résonnance* et la *tonalité*.

Les conséquences musicales de la *résonnance* des corps sonores ne sont peut-être pas encore entièrement trouvées; car, même de nos jours, bien des calculs différents ou opposés sont produits à cet égard. Néanmoins, en se renfermant sagement, par rapport aux études de ce programme, dans les seuls faits de la pratique musicale, et eu égard au *tempérament*, c'est-à-dire à l'altération légère de certains intervalles dans l'accord des instruments, on peut fort bien exposer l'origine et la génération des sons de la gamme dia-

notation, il faut bien se résoudre à déchiffrer l'ancienne, si on veut prendre part aux jouissances intimes que procure l'exécution de la musique. Mais on a dû chercher à aplanir des difficultés de *lecture musicale* qui d'ailleurs résultaient bien plus de la mauvaise classification des matières que de la défectuosité originelle des signes.

A cause donc de l'inhabileté des élèves hors de leur propre école, les mêmes objections péremptoires sont à opposer à toute substitution partielle d'autres signes nouveaux; à toute suppression radicale et irréfléchie, comme serait celle de la suppression de deux clefs, etc.

Dans le travail de cabinet, la notation en chiffres de J.-J. Rousseau, reproduite avec d'heureuses modifications par Galin et par ses successeurs ou commentateurs, peut être utile, et toute sténographie musicale offre en ce cas des avantages réels.

tonique et de la gamme chromatique qui fournissent toutes les notes de notre système musical.

C'est de la *tonalité* que résulte ce qu'on appelle le TON d'un morceau de musique, c'est-à-dire la subordination absolue de toutes les notes de la gamme envers une seule note, la TONIQUE (Ire ou VIIIe); et la dépendance relative de quelques-unes envers deux autres, la *dominante* et la *sous-dominante* (Ve et IVe notes).

Ainsi la formation des accords et leur classification se rapportent au phénomène de la *résonnance*, tandis que les règles de la succession logique des sons, comme chants mélodiques ou comme groupes harmoniques, dérivent de la *tonalité*. Tout ne paraît pas avoir été dit en musique sur la vibration, et nul ouvrage encore n'a traité à fond de cette espèce de physiologie musicale nommée la tonalité[1].

II.

La GRAMMAIRE MUSICALE comprendrait trois sections : l'étude des formes mélodiques et rhythmiques, l'étude des groupes harmoniques, et l'analyse mélodique et harmonique du discours musical.

Les éléments de la 1re *section* (étude des formes mélodiques) existent dans le *Traité de mélodie* du savant Reicha, dans les pages de quelques autres auteurs, et dans le livre de A. Morel, sur la *Théorie de l'audition musicale;* théorie qui prouve la possibilité de développer progressivement les facultés auriculaires, et qui donne des préceptes sur le choix qu'on peut faire de certaines formes mélodiques ou rhythmiques, et de certains mouvements ascendants ou descen-

(1) La théorie des *tons* et des *modes* est enseignée d'après les faits de la résonnance et de la tonalité dans la Méthode B. Wilhem (tableaux 24, 25, 36, et tableaux complémentaires du 2e Cours). — Le Traité d'harmonie de M. Busset est annoncé par son auteur comme devant jeter un grand jour sur cette matière (octobre 1838).

dants, pour produire sur les auditeurs tel ou tel effet déterminé.

Les études des 2e et 3e *sections* (études des groupes harmoniques et analyse du discours musical) sont comprises implicitement dans les *Traités d'harmonie* qui, après avoir exposé la formation des accords, leur classification et les règles de leurs successions, donnent une série d'exercices où ces règles sont appliquées au simple *accompagnement* d'un *chant* trouvé ou d'une *basse* donnée. La pratique de ces exercices exige ordinairement l'emploi d'un instrument d'accompagnement, tel que le piano. (Ouvrages de MM. H. Berton, de l'Institut, Chaulieu, Choron, Durante, Elwart, Fenaroli, Fétis, Fiocchi, de Lafage et Choron, H. Lemoine, Perne, Poisson, Reicha, etc.)

D'un autre côté, c'est en vue d'enseigner l'*harmonie* par une suite de nombreuses leçons écrites à plusieurs parties vocales, que s'offrent le *Cours élémentaire d'Harmonie* de Perne, et surtout le *Cours complet d'Harmonie* par M. V. Dourlen, ouvrage publié récemment d'après le système de Catel, suivi au Conservatoire de Paris.

Ces études théoriques et pratiques des accords rendent meilleur *lecteur* par la connaissance préalable qu'elles donnent d'une foule de formules harmoniques, espèces de lieux communs musicaux qui se reproduisent dans tous les auteurs ; elles conduisent à l'utile talent de préluder, et à celui du bon *accompagnateur;* enfin elles contribuent beaucoup à développer la sensibilité musicale, à éclairer le jugement et à former le goût qui doit présider à l'appréciation des œuvres de l'art.

La véritable Grammaire musicale devrait donc être d'une application usuelle et d'un intérêt général ; au-delà l'enseignement harmonique ne s'adresse plus qu'à ceux qui, devant se livrer à la *composition,* ont aussi à faire, en musique, leurs études de la rhétorique.

IIIᵉ DEGRÉ DE L'INSTRUCTION MUSICALE

(Se rapportant, littérairement, à l'application des règles grammaticales, aux formes variées du discours, et à l'étude des lois du goût sur la convenance de l'emploi de ces règles et de ces formes).

RHÉTORIQUE MUSICALE

OU COMPOSITION PROPREMENT DITE.

Des professeurs expérimentés ont pensé qu'on pourrait se hâter davantage de faire passer au *contrepoint* les élèves du haut enseignement musical, parce que le contrepoint seul apprend à surmonter toutes les difficultés de l'*art d'écrire* en musique avec élégance et pureté, tandis que le cours d'harmonie, même en le faisant sortir de ses limites naturelles, ne procure pas de solutions satisfaisantes pour tous les cas de la pratique.

L'harmonie élémentaire appartient à la GRAMMAIRE de la musique, le contrepoint et ses riches applications en sont la RHÉTORIQUE : si l'harmonie est une *clef* de la science, le contrepoint en est le *passe-partout*.

Les études de ce troisième degré de l'instruction musicale se diviseraient aussi en trois sections.

Iʳᵉ SECTION. ***Application de la science harmonique au style rigoureux ou contrepoint simple, et au style libre.***

Pour assouplir le talent des élèves par une pratique rigide, mais sûre, se présente l'enseignement dogmatique du

(1) Les auteurs des *Traités de contrepoint* ne paraissent pas croire qu'il soit nécessaire de se livrer au travail des *Cours d'harmonie ;* car leurs ouvrages s'adressent à des élèves sortant des études ordinaires de l'*accompagnement* ou de l'harmonie plaquée en accords, et jamais à ceux qui seraient censés avoir déjà la pratique de l'harmonie écrite en parties vocales.

contrepoint simple, dont l'illustre chef du Conservatoire, M. CHERUBINI, a consigné les règles sévères dans la première partie de son *Cours de Contrepoint et de Fugue*. Le même enseignement sérieux est aussi l'objet de la première partie du *Traité du Contrepoint et de la Fugue*, publié en 1825 par M. Fétis; et c'est encore à ce degré des études musicales qu'il faut rattacher les deux premiers chapitres du *Traité de haute Composition musicale* de Reicha, dans lequel ce grand professeur parle sommairement de ce qu'il nomme *l'Ancien système*, ou le *Style rigoureux*, par opposition au *style libre*, développé par lui dans les chapitres III à VIII du même livre.

(Ces études et celles de la 2e section font aussi partie de la *Penharmonie* de M. Colet, de l'école de Reicha.)

IIe SECTION. ***Étude des contrepoints renversables, et application de ces études aux formes classiques du discours musical, les fugues, canons, etc.***

La 2e section de la RHÉTORIQUE MUSICALE comprendrait : 1° l'étude des *contrepoints renversables* (contrepoints double, triple et quadruple), sorte de composition dont les parties vocales ou instrumentales, pour être *renversées*, sont astreintes entre elles à de certaines lois de permutation; 2° l'application des contrepoints renversables à la facture des pièces d'une forme classique déterminée, telles que les FUGUES dans lesquelles un *sujet* (trait de mélodie) ou même plusieurs sujets sont transportés ou transposés d'une partie à l'autre; les CANONS, dont la forme ordinaire est très connue (2e partie des traités de MM. Cherubini, Fétis et Reicha).

L'objet spécial de cette importante section de la Rhétorique musicale est d'exercer les élèves à développer leurs idées et à tirer d'une seule pensée tout ce qu'elle peut offrir de ressources; scolastiquement parlant, ce sont là de véritables *amplifications* fort insipides sous la plume d'un mauvais écolier; mais pour celui que la nature a fait artiste, cette science ne saurait être vaine; elle est un fonds d'inépuisables richesses. Etudiez en effet les compositions de nos maîtres : quelle parfaite disposition de l'ensemble! quels magnifiques développements d'une idée-mère, d'une phrase heureuse, du plus simple des motifs! quelle intime liaison de toutes ces idées fécondes qui se déroulent, se croisent, s'enlacent, et se précipitent enfin vers un immense foyer sonore d'où s'élancent, en gerbes éclatantes, les mille feux d'une admirable harmonie.

Comme COMPLÉMENT indispensable des graves études de cette deuxième section de la Rhétorique musicale, il faudrait que les élèves prissent une connaissance exacte et pratique, autant que faire se pourrait, du mécanisme et de l'étendue des instruments d'orchestre, par rapport aux *tons* qui leur conviennent et aux *doigtés* qui en favorisent la sonorité; il faudrait qu'ils étudiassent les effets que la réunion de ces instruments peut produire par la variété et le mélange de leurs timbres caractéristiques.

Les deuxième et troisième livres du *Manuel des Compositeurs*, publié dernièrement par M. FÉTIS, et l'une des parties de l'*Encyclopédie musicale* de Choron et M. de Lafage, traitent de l'objet de ces études complémentaires.

IIIe SECTION. *Poétique musicale.*

Ici l'art est considéré sous le rapport des effets moraux, religieux ou dramatiques, qu'il est susceptible de produire, et l'on y établit la distinction des GENRES et des STYLES. Cette partie féconde et brillante de la musique est le domaine immense de la *science*, du *goût* et du *génie*; le goût peut y permettre ce que la règle défend, ou réprouver ce qu'elle autorise ; la science y perd de son austérité pour se parer des grâces de l'imagination, et toute sa gloire alors doit se borner à seconder l'essor du génie.

Cet enseignement est réservé aux plus illustres maîtres ; mais, vains efforts ! la poésie musicale ne s'enseigne pas ; elle est la vie, la flamme qui brûle au cœur du grand artiste ; le génie puissant qui commande à la science et sait obéir au goût, nous vient d'en haut ! Céleste et rare assemblage, c'est lui dont le pouvoir magique, dans tous les pays et pour tous les arts, inspire les œuvres sublimes et les rend immortelles [1] !

B. Wilhem.

(1) *Poétique musicale* du savant de Lacépède, qui était aussi, comme M. Orfila, un excellent musicien ; — *Essais sur la musique*, par Grétry ; — dernière partie des *Principes de composition des écoles d'Italie* publiés par Choron ; et l'*Encyclopédie musicale*, par le même et M. de Lafage ; — l'*Art du compositeur de musique*, par Reicha, et la *Penharmonie* déjà citée, etc.

Après quoi l'élève le plus studieux dira peut-être, comme Condillac : « On « croit avoir deviné les hommes de génie, mais on ne les devine pas facilement ; « leur secret est d'autant mieux gardé qu'il n'est pas toujours en leur pouvoir « de nous le révéler. »

NOUVEL EXPOSÉ SOMMAIRE

DE

LA MÉTHODE B. WILHEM.

Le programme général précédent vient de déterminer les limites naturelles des trois degrés d'Instruction musicale : la méthode dont nous allons exposer sommairement le plan de rédaction et le mode principal d'application, est un ouvrage DU PREMIER DEGRÉ D'INSTRUCTION pour la *lecture musicale* et pour le *chant élémentaire*.

Cette méthode relie les premières connaissances musicales aux dernières par l'emploi d'un vocabulaire qui leur est commun (la 1re page d'une *grammaire musicale* serait la suite immédiate de la dernière feuille de la méthode); ainsi elle prend les élèves à l'entrée de la carrière pour les disposer à la suivre un jour avec succès.

En ouvrant ainsi le passage à la multitude on ne craindra pas, sans doute, la multiplicité des grands talents : la nature s'y oppose; mais on obtiendra la généralité des connaissances, et, en toutes choses, c'est peut-être le sûr moyen de se garantir des abus qu'en pourrait faire un petit nombre d'initiés.

I.

Plan de rédaction de l'ouvrage, et classification de la Méthode.

La méthode B. Wilhem a été conçue et rédigée d'après le grand principe d'ordre général, *une place pour chaque chose* et *chaque chose à sa place* : chaque chose, c'étaient les éléments épars de l'instruction musicale primaire; et *chacun*, on peut dire, ce sont les nombreux élèves qu'il s'agit d'instruire. Il faut donc envisager la méthode sous deux rapports : celui de sa composition didactique pour *chaque chose*, et celui de son application scolaire pour *chacun*.

Sous le rapport de sa composition, l'ouvrage est rédigé de manière à ce que les deux principales difficultés de la lecture musicale, l'*intonation* et le *rhythme*, y soient présentées, alternativement seules ou réunies, dans une série de *tableaux progressifs* répartis entre *huit classes* ou degrés d'avancement. (En général, chaque tableau résume les études antérieures et prépare à des études subséquentes.)

Sous le rapport de son application scolaire, la méthode est caractérisée : 1° par la simultanéité du travail d'élèves de forces musicales différentes dans une même salle, et par l'honorable mission qu'elle confère aux plus forts de faire étudier les plus faibles; 2° par la bonne *exécution* de solféges et de chants à plusieurs parties, d'une même classe ou de classes différentes, sans aucun accompagnement instrumental.

De la division rationnelle des matières, et de leur répartition logique dans l'ouvrage, doivent résulter la clarté et la sûreté de l'enseignement; le classement exact des élèves, et la simultanéité du travail de tous dans la même salle, donnent à chacun d'eux la conscience de son propre degré d'avancement musical, et le désir de progresser vers les premiers rangs ou de se maintenir à la place qu'il a méritée. C'est ainsi que dans une école, l'enseignement qui vient d'être décrit, *chaque chose et chacun doit se trouver à sa place*[1].

Les procédés de la méthode ont été créés ou choisis,

(1) On a placé en tête de l'*édition in-8°* des tableaux une INSTRUCTION SPÉCIALE sur l'emploi du *Manuel musical de la méthode B. Wilhem*, dans les colléges royaux et dans les établissements du mode simultané.

d'ailleurs, pour que tout y soit sensible à la vue, appréciable à l'esprit, et facilement transmissible du maître ou du moniteur aux élèves, et des élèves mêmes à leurs jeunes parents. (Voir les tableaux de l'*escalier-vocal*, de la *lecture rhythmique*, des *figures de notes*, du *chant sur la main*, de l'*indicateur-vocal* avec *clefs et notes mobiles*, etc.)

II.

Division de la Méthode en deux cours gradués.

La 4e ÉDITION que nous publions aujourd'hui est conforme à la 3e, qui a été revue avec le plus grand soin : l'ouvrage est donc resté divisé en DEUX COURS GRADUÉS que l'on peut faire étudier séparément ou ensemble [1].

Le 1er COURS, *enseignement primaire élémentaire* (Tableaux 1 à 42), est formé d'abord des *huit classes* élémentaires dans lesquelles on trouve les premiers exercices de lecture rhythmique, de solmisation, de chant, et dont les numéros d'ordre, IIe classe, IIIe classe, IVe, etc., indiquent l'intervalle musical de *seconde*, de *tierce* ou de *quarte*, etc. qu'on y étudie spécialement (tableaux 1 à 22); après les tableaux de ces huit classes vient une *deuxième section de la huitième classe*, ou 2e-VIIIe, dans laquelle on revoit graduellement, et sous des formes mélodiques et rhythmiques plus variées, les intervalles déjà étudiés. Cette 2e-VIIIe (tableaux 23 à 42) conduit les élèves à la bonne exécution des chœurs religieux ou moraux publiés pour les jeunes sociétés de chant et pour les grandes réunions de chant.—Par appendice aux études du

(1) D'après les indications données dès la 3e édition, les deux *tableaux 24 et* 25 (Tons et Modes) ont été entièrement remaniés pour l'édition actuelle; ils sont divisés en paragraphes numérotés, auxquels renvoient plusieurs Tableaux de la 2e-VIIIe Classe. Ces retours fréquents à la *Théorie* rappellent mieux à l'esprit, et d'une manière synoptique, tout ce qu'il faut savoir sur les *Tons* et les *Modes* de la musique.

1er COURS il y a deux tableaux de *plain-chant* pour l'application desquels on renvoie naturellement à la lecture courante des antiphonaires, des graduels, et des autres livres de l'office noté[1].

LE SECOND COURS, *enseignement primaire supérieur* (Tableaux 43 à 73), contient la 3e-VIII CLASSE. C'est un cours complémentaire de perfectionnement pour chacune des études du premier cours ; conséquemment il mène les élèves à la lecture correcte et rapide de toutes les difficultés de la *mesure* et de l'*intonation*.

Ainsi donc en résumé : PREMIER COURS à l'usage des *écoles primaires élémentaires* et des élèves qui commencent la musique dans les colléges, les institutions de l'Université et les cours publics de chant; DEUXIÈME COURS, pour faire suite immédiate aux études du premier cours dans les *écoles primaires supérieures* et dans les autres établissements d'instruction publique[2].

(1) Voir aussi, parmi les nouveaux ouvrages : *la Méthode de Plain-Chant* du vénérable et docte M. Mathieu de Versailles; le *Manuel de Plain-Chant* de M. A. Minet; et les ouvrages de M. Adrien de Lafage sur cette matière.

(2) La 2e édition, réduite et publiée en 1832, avait été adressée à l'Université, lorsque la loi du 28 juin 1833 prescrivit l'enseignement du Chant dans les Ecoles primaires-supérieures. Les Méthodes de Chant furent alors examinées de nouveau; le Ministre de l'instruction publique, M. Guizot, accompagné de M. Cochin, vint écouter les Enfants du Chant de l'Ecole Gautier, et les divers rapports et contre-rapports de la commission des livres élémentaires près de l'Université furent renvoyés à l'un des membres du Conseil royal, M. Orfila, qui fit une nouvelle étude du tout.

M. Guizot avait dit avec bienveillance, en sortant de l'Ecole Gautier : *C'est trop bien;* M. Orfila demanda un *extrait* des Tableaux de cette 2e édition.

Alors l'auteur ne dut pas hésiter à sacrifier l'édition nouvelle, et, reconstruisant à neuf sur le double terrain des deux degrés de l'instruction primaire, concentra dans un dernier travail son expérience scolaire de quinze années, et publia (1834-35) la 3e *édition*, divisée en deux *cours séparés*.

Cette 3e *édition* de la Méthode B. Wilhem fut approuvée et recommandée

III.

Sur la rédaction en tableaux.

Les Tableaux de chant sont dressés pour l'instruction des élèves, et chaque feuille contient les indications nécessaires pour qu'on puisse la faire étudier avec fruit. Le *gros texte* (pour les élèves) est rédigé en courts paragraphes numérotés et qui offrent un sens complet ; ils sont dogmatiques ou synthétiques : le pourquoi et les décompositions analytiques placés avant ou après les gros textes auxquels ils se rapportent sont imprimés en *texte moyen* (pour le maître ou le moniteur); le *petit texte* est celui des *procédés* d'étude ou d'exécution musicale.

En examinant la *table synoptique des tableaux de chant*, et en jetant ensuite un coup d'œil sur les tableaux mêmes, on prendra une idée encore plus exacte de la répartition générale des matières, de la gradation des études, et enfin de la marche rationnelle de la méthode et du but moral de l'ouvrage.

Quant aux qualités musicales strictement nécessaires pour diriger le chant d'une école, comme tout maître ou moniteur de lecture doit savoir former et assembler les sons syllabiques de la langue dont il montre les caractères, il est évident que pour conduire dans la pratique du chant, il faut savoir former et assembler vocalement les sons musicaux indiqués par les notes ; or, c'est ce que savent faire certainement les *élèves-maîtres* instruits par la méthode dans les écoles normales primaires, et aussi les moniteurs généraux de chant des bonnes écoles.

par le Conseil royal de l'Instruction publique, envoyée par l'Université à toutes les Ecoles normales primaires, adoptée de nouveau par la Société d'Instruction élémentaire, et choisie par le Comité central d'Instruction primaire de Paris pour toutes les Ecoles communales.

IV.

Objet du Guide complet de la Méthode, et divisions de ce livre.

Le Guide *complet* de la Méthode (brochure in-8°, qu'il faut demander une première fois avec les tableaux) est *indispensable* au *professeur* pour le diriger dans l'emploi simultané des *tableaux* pendant le temps accordé à l'enseignement du chant dans quelque établissement que ce soit. Les procédés de l'*écriture musicale* sont décrits dans l'un des chapitres spéciaux de ce guide.

Le Guide de la Méthode se compose de *deux parties* :

La *première partie*, divisée en deux sections et en paragraphes numérotés, traite de l'organisation générale du chant et de la formation particulière des classes de la Méthode (pages 1 à 18).

La *seconde partie* est formée de cinq chapitres spéciaux auxquels il est renvoyé, dans le courant de la première partie, pour les détails de procédés (pages 19 à 74).

N. B. MM. Les professeurs sont instamment priés de consulter en outre la portion de ce livre qui a pour titre: *Complément du Guide,* et dont voici la table des matières :

GUIDE COMPLET

DE LA

MÉTHODE B. WILHEM.

PREMIÈRE PARTIE

ORGANISATION PROGRESSIVE DES HUIT CLASSES DE LA MÉTHODE.

PREMIÈRE SECTION.

INSTRUCTIONS PRÉLIMINAIRES.

§ 1.

Mode d'exécution vocale propre à la méthode.

1. La méthode étant destinée à répandre les éléments du chant et le goût de la musique dans les écoles primaires, on n'a pas dû la renfermer dans les limites établies entre les *solféges* et les *méthodes de chant*. L'enseignement vocal y est traité selon un système mixte qui commandait d'éviter la sécheresse de lecture des uns et le luxe d'exécution des autres[1].

(1) Dans l'acception ordinaire des mots, une *Méthode de chant* commence où finit le solfége; et c'est avec elle que l'on sent le besoin des bonnes traditions

2. Ce serait donc diriger la méthode dans un esprit contraire à son objet que d'en laisser dire les solféges et les airs sans y appliquer les préceptes fondamentaux de toute bonne exécution vocale. Les plus simples morceaux doivent produire sur les auditeurs l'effet d'une lecture dont les élèves comprennent le sens, et non pas celui d'un assemblage de mots débités sans intelligence.

3. Essayée à Paris, dès l'année 1819, dans l'école populaire d'un quartier peu musical, la méthode a réussi ; introduite depuis avec succès dans d'autres écoles, et dans plusieurs établissements supérieurs, on peut espérer qu'elle arrivera partout à sa véritable destination, grâce aux encouragements des autorités municipales et scolaires, grâce aux talents et au bon esprit des artistes, grâce aussi à la constante influence des protecteurs éclairés de toutes les institutions louables et utiles.

§ 2.

Choix et instruction des premiers chefs des groupes, ou *moniteurs-chefs*.

4. Le premier soin du professeur sera de former des chefs de groupes ou *moniteurs*. Il les choisira, après avoir fait un examen général, parmi les élèves que les dispositions de leur caractère et la supériorité de leur aptitude rendent plus particulièrement propres à remplir ce genre de fonctions. « Les pères de famille ne doivent pas douter qu'elles soient très avantageuses à ceux des enfants qui auront été jugés dignes de les exercer, parce que ces enfants s'habitueront par-là à porter sur les objets d'étude une attention plus complète, mieux soutenue, et qu'à tout âge, comme dans tous les de-

et la nécessité de leçons individuelles qui, données par un maître de l'art, servent à développer les qualités particulières de sujets déjà choisis parmi beaucoup d'autres.

grès de l'enseignement, c'est dans la force et la fixité d'attention qu'est la cause première de la fécondité des progrès[1]. » Il usera de la plus sévère surveillance pour que l'ordre des exercices et l'emploi des procédés, sous quelque prétexte que ce soit, ne puissent être troublés ni modifiés.

5. Pour constater les facultés auriculaires et vocales des élèves destinés à être les premiers moniteurs de chant, il suffit de leur faire répéter par *imitation* ou en *écho* quelques sons tirés de l'accord parfait (tels que *ut*, puis *ut-mi*, puis *ut-mi-sol*, etc. — Voir *chant par écho*, page 31); et quand même quelques-uns seraient des échos infidèles, il conviendrait encore de les garder pour moniteurs de lectures littérales et de lectures rythmiques, s'ils sont des sujets distingués sous le rapport de la bonne conduite et de la tenue. Nous savons d'ailleurs par expérience que beaucoup d'oreilles inhabiles se sont réformées dans les écoles par la fréquente audition du chant juste et rythmé des autres élèves; ce qui vient absolument à l'appui de la *théorie* de l'*audition musicale* de *A. Morel*[2].

6. Les procédés de la méthode ont toujours formé autant de bons moniteurs de musique vocale qu'il s'est présenté d'élèves pourvus de facultés ordinaires[3], en même temps que

(1) M. J.-J. Ordinaire, recteur de l'académie de Besançon. *Manuel de l'Instituteur*.

(2) *La Musique expliquée*. Paris, 1816. Bachelier.

(3) Par la classification de la méthode, je ne prétends pas établir que la difficulté réelle d'*intonation* est en raison de la grandeur des intervalles; mais j'ai été déterminé dans ce choix par plusieurs motifs dont voici les principaux :

1° Elle permet dans chaque demi-cercle des examens fréquents et très déterminés sur la justesse des intonations;

2° Les fonctions de chaque moniteur de chant sont limitées d'une manière claire et précise pour lui et pour ses élèves;

3° Quand un ou plusieurs sujets reviennent après une absence quelconque (circonstance qu'il faut bien prévoir dans une école nombreuse), le moniteur général n'éprouve aucune incertitude sur le choix des interrogations qu'il doit

quelques enfants, moins favorisés encore de ce côté, trouvent également à s'occuper devant les tableaux par la pratique des lectures rythmiques et par les autres notions générales qui conviennent également aux seuls instrumentistes.

7. On peut commencer l'instruction des moniteurs-chefs dans un temps et dans un lieu quelconque, mais dès que l'on formera les premiers groupes de chant parmi les élèves, ce devra être dans la salle même de l'école et tandis que les autres plus jeunes enfants continueront à s'occuper de la lecture et de l'écriture littérale, ou des premières notions d'arithmétique. Au bout de quelques jours cela ne produit aucune distraction à ces derniers, et les oreilles novices reçoivent ainsi, par une audition involontaire la première et la meilleure leçon de musique qui convienne aux facultés du bas âge.

8. Les tableaux de la méthode présentent, pour la formation des chefs de groupes ou moniteurs, une facilité qui leur était propre dès la première édition; c'est que chaque feuille contient les indications nécessaires pour qu'on sache la faire étudier avec fruit (*avis* placé en tête du tab. 1). Ainsi, quelque nombreuse que soit une classe. les moniteurs ont sous les yeux leur règle de conduite particulière[1].

adresser; et l'on n'a pas ainsi à redouter tout ce que ces rentrées journalières auraient de fâcheux ou même de destructeur pour une école de chant dont tous les exercices s'exécutent à la même heure et dans la même salle.

4° On pourrait encore ajouter que cette classification paraît toute naturelle aux enfants qui aiment à parcourir de l'œil le chemin qu'ils ont fait et celui qui leur reste encore à faire; et puis ils retiennent à loisir, sans fatigue et par la pratique, la nomenclature des intervalles et de leurs variétés.

(1) Chaque tableau doit être collé, soit sur une planche ou un carton épais, soit sur un carton mince et flexible (de la carte de deux à trois feuilles), dernière manière qui est moins dispendieuse et plus commode pour le service du chant et pour le rangement après la leçon. Quand un tableau est en deux feuilles, *A* et *B*, elles doivent former le *recto* et le *verso* d'un même carton. Des bordures de couleurs différentes font reconnaître de suite les tableaux de sections différentes;

N. B. Avant de mettre les tableaux à l'étude, il sera fort utile de consulter le chapitre des *remarques,* auxquelles quelques-uns d'entre eux ont pu donner lieu par rapport à leur composition et à leur disposition.

9. Le choix des moniteurs étant fait, voici la marche à suivre pour les instruire :

1° Après avoir rangé ses moniteurs en demi-cercle devant le tableau 1, le professeur, placé le premier à gauche de ce tableau, lit à tous les élèves l'*avis* placé aux deux côtés de l'*escalier vocal,* et il leur fait reconnaître, sur le tableau même, les différents *caractères d'impression* employés pour distinguer les divers textes (celui des *élèves*, celui des *moniteurs*, celui des *procédés* et celui du *questionnaire*). D'après cet avis, il donne aussi des exemples de ce qu'on entend par 1re, 2e ou 3e *lecture* d'un tableau ; enfin il commence l'instruction musicale en faisant lire ce tableau 1 et ensuite les autres, en se conformant aux procédés décrits et en faisant remarquer

comme la bordure rose pour les classes I à VIII (tableaux 1 à 22), la bordure bleue pour la 2e — VIIIe (tableaux 23 à 42), et la bordure brune pour la 3e — VIIIe (2e *Cours*, tableaux 43 à 73). L'*Indicateur-Vocal* se colle sur bois et se prépare d'après l'*avis* latéral imprimé sur sa propre feuille. Quand les tableaux sont ainsi préparés on les serre dans un casier à quatre compartiments : le premier pour les huit classes I à VIII, le deuxième pour la 2e — VIIIe, le troisième pour la 3e — VIII, et le quatrième pour l'*Indicateur-Vocal*, avec sa boîte de clefs et de notes mobiles et pour les autres objets du service de l'école de chant. — Au moment de la leçon on append les tableaux au mur, à des distances convenables pour que les élèves d'un groupe ne touchent pas ceux du groupe voisin. — *N. B.* Comme ouvrage de bibliothèque, on relie la méthode, en mettant en regard les deux feuilles *A* et *B* d'un même tableau.

Pour mieux conserver les tableaux de chant pendant la leçon, lorsqu'ils sont collés sur cartons minces, on peut les glisser latéralement, ou du haut vers le bas, entre le fond et la bordure d'un cadre de bois, comme cela arriverait si une glace pouvait s'ôter ou se remettre en la glissant entre son parquet et les baguettes qui en forment l'encadrement ; dans ce cas il est utile de laisser entre le fond et la bordure du cadre un espace convenable pour l'épaisseur de trois tableaux.

expressément aux élèves qu'il remplit auprès d'eux les fonctions de moniteur, comme ils auront à les exercer à leur tour dans les groupes d'élèves qui leur seront confiés. Or, ces procédés, qui auront été lus d'avance par le professeur, se communiqueront aux moniteurs de vive voix et par imitation ; ils sont sur les tableaux, pour mémoire, afin qu'on puisse les consulter au besoin, mais non pour que chaque fois on soit obligé de les lire en détail.

N. B. Pour faire étudier les exercices de mesure (tableau 4 et suivants) ainsi que la solmisation ou le chant à vue de musique, le professeur ou le moniteur doit occuper le centre du rang des élèves et non pas la gauche, afin que, pour les mouvements de la mesure, toutes les mains soient dans la direction de celle du chef de groupe.

10. 2° Entre la lecture de chacun des sept tableaux de la première classe on pratique le *chant par écho* qui, outre les premiers exercices préparatoires (page 32), consiste alors à faire répéter, phrase par phrase, quelques-uns des airs des tableaux de chant, airs dont les *débuts* sont cités ensuite dans la méthode comme *types* pour l'intonation des intervalles. Ces chants s'exécutent ensuite soit sur place, soit en marchant autour de la salle, et quand les élèves les retrouvent sur les tableaux ils reconnaissent comment, à l'aide des signes de l'écriture musicale, on peut noter exactement des chants quelconques. On s'occupe aussi des exercices de l'*écriture musicale* en suivant les procédés qui sont décrits page 36.

11. 3° A mesure qu'on avance dans les classes II à VIII on exécute, à l'*unisson* seulement, chacune des deux parties du *premier chant* des intervalles de seconde, tierce, etc., mais on fait repasser un intervalle précédent (comme la *seconde* quand on en est à la *quarte*) en exécutant simultanément les deux parties de l'intervalle que l'on repasse, ce qui est facile et agréable alors, tandis qu'en voulant mettre ensemble ces

deux parties à la premère étude du tableau, on n'y parviendrait qu'avec perte de temps.

N. B. En classe générale, quand les cercles sont organisés ensemble, on fait repasser de cette manière les intervalles d'une classe à la classe qui la suit immédiatement. (Voir, tabl. 15, le *N. B.* qui précède le chant des quintes.)

12. Dans une école, quelque temps avant la formation successive des cercles de chant, telle qu'elle va être décrite, et lorsque les moniteurs-chefs savent parfaitement quelques-uns des airs types, on place ces moniteurs debout sur les bancs de l'école et ils chantent *seuls* tandis que les autres élèves marchent en silence. Au bout de peu de temps l'école se trouve ainsi instruite par la simple audition, et il se forme à l'*unisson* des moniteurs un chœur qui devient de plus en plus nombreux. Cette première instruction préparatoire de la masse se communique et se perpétue ensuite par tradition et les parties d'accompagnement sont chantées par les élèves musiciens (chapitre du moniteur général). C'est ainsi que les *débuts* des airs types sont en effet des intonations connues de tous quand, dans les classes de chant, on cite ces débuts pour former des intonations semblables à partir d'un son quelconque.

DEUXIÈME SECTION.

FORMATION SUCCESSIVE DES GROUPES OU CERCLES DE CHANT PARMI LES ÉLÈVES DE LA LECTURE COURANTE D'UNE ÉCOLE PRIMAIRE.

13. Lorsque les moniteurs-chefs sont arrivés à la VIe classe (tableau 17), il est temps d'organiser en classes de chant les élèves de la lecture courante de l'école. Alors on forme un premier groupe d'élèves encore examinés d'avance, comme cela s'est fait pour les moniteurs-chefs, et l'on met à l'étude le *tableau* 1, sous la direction de l'un des moniteurs-chefs qui se conformera en tout aux procédés décrits sur chaque tableau ; quand ce premier cercle d'élèves est arrivé au tableau 4, on forme un nouveau groupe, conduit pareillement par un moniteur-chef; et, de cette manière, de 4 en 4 tableaux, l'école s'organise successivement en cercle de chant.

14. Mais avant d'effectuer cette organisation successive il est de la plus grande utilité de prendre les dispositions préparatoires qui vont être décrites, afin d'imprimer dès le commencement un ordre régulier et salutaire à tous les exercices de la méthode. Ces dispositions sont : 1° *les numéros d'ordre aux places des groupes de chant ;* 2° *les cartons d'appel ;* 3° *la feuille de service du chant;* 4° *le choix et la nomination du moniteur général de chant.*

§ 1.

Numéros d'ordre aux places de groupes de chant.

15. Il est très utile de faire placer un numéro d'ordre au-dessus de chacun des groupes d'une école, en les comp-

tant par 1, 2, 3, 4, etc., de gauche à droite, à partir de la table du maître. C'est un moyen commode pour dénommer de loin les moniteurs ou les groupes, soit pour la police de l'école, soit pour l'exécution vocale; en outre, les élèves devant être en écriture dans l'ordre qu'ils occupent à la lecture, on peut, au besoin, indiquer en tête des tables d'écriture des numéros correspondants à ceux des cercles de lecture. Dans ce cas, les numéros pour les tables sont écrits en gros chiffres sur un carton d'environ quatre pouces et appendus, en tête du banc, à la planche qui monte le long du télégraphe, de manière à ce que ces chiffres soient très visibles pour les élèves qui, ayant retenu le numéro de leurs cercles, viennent se ranger dans les bancs d'écriture qui portent le même numéro. Au reste, cette précaution des numéros correspondants n'est nécessaire qu'au temps de la première organisation, car ensuite les élèves vont facilement des groupes aux tables, ou réciproquement, sans avoir besoin de ce secours.

§ 2.

Cartons d'appel.

16. Ce sont des cartons d'environ dix pouces sur cinq; le modèle réduit est ci-joint. On peut y placer et déplacer facilement, entre fil et carton, de petites bandes de cartes blanches qui portent chacune le nom de l'un des élèves du cercle. Lorsqu'un élève monte ou descend d'un cercle, on lui remet sa *carte nominale*, et il va la présenter au moniteur du cercle où il est envoyé; ce moniteur prend la carte du nouvel élève et la fixe sur le *carton d'appel* du cercle qu'il dirige.

Cercle de Chant, n. 24.

Carton d'appel.

Adolphe.
Ernest.
Edmond.
Evariste.
Alphonse.
Saint-Amand.
Louis.
Alexis.
Saint-Genest jeune.

§ 3.

Feuille de service du chant.

17. Cette feuille, dont suit le modèle, sera préparée à la main sur papier couronne ouvert et collée d'avance sur carton; elle sert à constater l'état d'avancement de chaque groupe à la date inscrite entre parenthèses.

Soient les cercles de l'école 24, 23, 22; et voici la simple indication qui suffit.

NUMÉROS DES CERCLES.		
24	23	22
Tabl. 28 (1er avril). » 29 (—). etc.	Tabl. 23 (4 avril). » 24 (—). etc.	Tabl. 17 (15 août). » 18 (17 —). etc.

Par cette mesure d'ordre, ni le changement de moniteur pour un cercle, ni le changement de tour de service pour les moniteurs généraux, ni même l'absence imprévue du professeur ne détruisent l'ordre de la suite des études pour aucun cercle; de sorte qu'avec la *feuille de service* et les *cartons d'appel* on peut toujours observer à quel degré d'avancement en est chaque cercle, et à quel cercle appartient chaque élève. Cela fournit en même temps un moyen aussi facile qu'utile de préparer des dictées en rapport avec les tableaux de lecture. La feuille de *service* et les cartons d'appel une fois établis, leur usage ne peut entraîner aucune perte de temps, puisque chaque élève porte lui-même sa carte quand il change de cercle, et que l'enregistrement des tableaux consiste, en cas de mutation, dans la pose de deux ou trois chiffres par cercle.

§ 4.

Choix d'un moniteur général de chant.

18. On fait reconnaître à toute l'école pour *moniteur général de chant* le plus avancé des moniteurs-chefs, celui qui, s'il est possible, sait joindre à une supériorité marquée, comme écolier, une sorte de fermeté de caractère et une tenue qui puissent le faire respecter de ses camarades, sans cesser de le faire aimer. Il est presque indispensable de lui adjoindre un ou deux autres élèves, afin d'alterner avec lui dans le service de l'école de chant, ou pour l'aider dans les détails de ce service. Il est en outre fort utile que tous les élèves du groupe le plus avancé sachent donner le *ton* d'après le diapason en acier, pour qu'en l'absence du moniteur général ou de ses adjoints il y ait encore quelqu'un pour régler le ton des marches. (Le diapason en acier donnant le *la*, le moniteur ou l'élève fait vibrer ce diapason en le frappant contre un corps dur quelconque; il le porte à son oreille

pour entendre ce *la*, et il part mentalement du son qu'il entend ainsi pour chercher et donner à l'école le *ton* de la marche ou du chant qu'on va exécuter.)

19. Soit que l'on n'admette au chant que les seuls élèves de la lecture courante, soit que toute l'école participe à l'enseignement musical, le service du *moniteur général de chant* ne donne pas lieu à la suppression du moniteur général de l'école primaire, mais ce dernier prend alors le simple titre de *moniteur d'ordre*. Le *moniteur d'ordre* commande l'entrée en classes de chant, la distribution des crayons, l'inspection des ardoises, la sortie et la rentrée des bancs ; enfin sa police générale s'étend à tout ce qu'on fait, sans qu'il doive s'occuper de ce qu'on chante[1]. Le *moniteur général de chant* est exclusivement chargé de la partie musicale des études ainsi que de la sous-direction de l'école de chant.

N. B. Le chapitre des *devoirs du moniteur général de chant* fait connaître moments par moments tous les détails de ce service pendant la durée de l'heure du chant.

§ 5.

Division du temps de la leçon de chant en *quatre périodes*.

20. Les numéros de groupes étant peints ou attachés sur le mur, les mêmes numéros étant préparés pour les tables d'écriture, les cartons d'appel et le tableau de service du chant étant prêts, et le moniteur général étant nommé, voici le moment d'effectuer la formation successive des groupes décrite précédemment (page 8); mais dès l'étude de la première classe par les élèves et dans la salle de l'école (lors même qu'il n'y a encore qu'un seul groupe), on partage la durée de chaque séance du chant en quatre périodes, qui s'écoulent comme l'indique le *tableau synoptique* suivant :

(1) On nomme en outre un inspecteur pour le chant, et un autre pour la lecture courante, quand cette portion des élèves n'est pas encore organisée en classes de chant.

21. TABLEAU SYNOPTIQUE

DE LA DISTRIBUTION DU TRAVAIL ET DE L'EMPLOI DU TEMPS PENDANT UNE SÉANCE DU CHANT.

1re PÉRIODE. (Dans les tables ; 10 à 15 minutes.) *Écriture musicale.*	Les huit classes s'occupent simultanément des copies ou des dictées qui leur sont affectées. (Chapitre de l'*écriture musicale*, page 36 pour les procédés de l'enseignement. Chapitre du *moniteur général*, page 20 pour les commandements et l'ordre.) *N. B.* Les autres élèves de l'école font leurs dictées ordinaires, mais une fois par semaine ils sont tous soumis aux utiles exercices du *chant par écho* (page 32). *Avis.* Cet exercice de l'écriture musicale pourrait, à la rigueur, se placer après les autres périodes et se réduire même à une seule séance par semaine (le jour du chant par *écho* pour tous les autres élèves); mais les autres périodes, aux groupes, ne doivent pas être interverties.
MARCHE. (Pour passer de l'écriture à la lecture.)	*Chants généraux*, à l'unisson ou en parties, en passant de l'écriture à la lecture. (Devoirs du moniteur général, page 23.)
2e PÉRIODE. (En arrivant aux groupes 5 minutes.) *Exercices et chants généraux.*	*Exercices variés*, tels que : mouvements de la mesure à quatre temps, ou à deux temps pour toute l'école. — Gammes en notes ou en chiffres avec les *signes manuels* (tableau 1). — Gammes en mesure avec *ronde*, ou 2 *blanches*, ou 4 *noires*, ou *blanche, noire, noire*, etc., d'abord en nommant les figures de notes, puis en solfiant. — Distribution et solmisation des numéros d'accords 1-3, 1-3-5, 1-3-5-8 (tabl. 7-*A*). Airs types, et autres chants. (Devoirs du moniteur général, p. 24.)
3 PÉRIODE. (Aux groupes.) *Lectures littérales et rythmiques ;* *Chants successifs ou simultanés.*	Les huit classes s'occupent simultanément de leurs tableaux respectifs, et elles chantent seules ou ensemble, selon les indications du professeur ou du moniteur général. (Devoirs, page 25.) *N. B.* Les autres plus jeunes élèves de l'école continuent leurs lectures littérales, ou leurs autres travaux. *Avis.* Cependant, une fois par semaine (le jour déjà fixé pour le chant par *écho*, pendant les dictées de musique), tous les enfants peuvent être mis à la musique au moyen de copies *in-folio* de l'escalier tableau 1 (sans texte), des figures de notes (tabl. 2), des mouvements de la mesure à quatre temps, des notes touchées sur la main, des préparations et lectures rythmiques (tabl. 5) notées sur tableau noir, etc., exercices qui n'empêchent pas le chant successif ou simultané des cercles ordinaires du chant. Dans ce cas les moniteurs se prennent parmi les élèves des basses classes de chant.
4e PÉRIODE. *Examens.*	Toutes les classes subissent leurs examens d'après le questionnaire. *N. B.* Voir, page 30, le mode d'examens sur les tableaux par *sommaires*.

22. *N. B.* Les moniteurs doivent trouver à leur groupe les tableaux posés par le moniteur général, d'après la *feuille de service du chant;* ainsi ils n'ont plus qu'à faire étudier ces tableaux, en se conformant *exactement* aux indications de procédés qui leur sont d'ailleurs familiers puisqu'ils ont été instruits eux-mêmes avec ces mêmes tableaux.

23. Tandis que de nouveaux groupes de chant se forment peu à peu, comme cela a été dit page 8, les moniteurs n'en continuent pas moins leurs études dans la salle même et dans le même temps que les autres élèves; ils sont alors sous la surveillance du plus fort d'entre eux, pour les lectures purement littérales et rythmiques, et c'est le professeur qui vient diriger l'exécution vocale, quand leur *tour de chant* arrive (moment où les groupes chantent successivement ou ensemble)[1].

24. A partir du jour de la formation successive des groupes, les études des élèves-moniteurs se trouvent partagées en relute de ce qu'ils connaissent, lorsqu'ils font étudier les autres, et en avancement dans leur propre classe, quand ils ne sont pas de service. Pour que ces deux portions de l'enseignement soient pour eux dans une juste proportion, et par un motif d'ordre qui va être apprécié, on les relève de leur service pendant la classe même, dans le temps de la troisième période, comme on relèverait des sentinelles vigilantes. Alors le moniteur qui relève reçoit du moniteur relevé le mot d'ordre, pour ainsi dire; il dit à quel paragraphe ou à quel exercice du tableau on en est arrivé, et le nouveau-venu continue où l'autre a cessé. Ainsi un même moniteur termine une séance et commence la séance d'après, où il retrouve son tableau et ses élèves. De cette manière les études ne sont ni interrompues ni interverties pour les élèves, ce qui pourrait arriver en changeant de moniteur avant d'aller aux groupes.

(1) Lire le *N. B.* sur le même *alinéa*, table des matières, page 44.

§ 6.

Suite de la formation successive des groupes.

25. L'admission successive des élèves de la lecture courante dans la première classe de chant se continue de proche en proche, et par groupe d'élèves en nombre suffisant, tandis que les premiers élèves reçus arrivent progressivement à la huitième classe, et passent, sans interruption, à la 2e—VIIIe, en se conformant toujours aux indications du *tableau synoptique* de la distribution du travail et de l'emploi du temps pendant une séance de chant.

N. B. Dès que les moniteurs ou les élèves sont arrivés aux tableaux 24 et 25 (tons et modes), il est bon de prendre connaissance des procédés relatifs à l'emploi que l'on peut faire dès lors de l'*Indicateur-Vocal,* tableau dont les exercices palpables sont recommandés ici, quoique, d'après le rang qu'il occupe (42e), on n'ait pas voulu en faire un travail *indispensable* pour le Ier Cours. (Voir au chapitre des remarques les procédés relatifs à l'emploi de l'Indicateur-Vocal). Mais le travail à faire sur l'*Indicateur-Vocal* ne doit pas être omis avec les élèves du IIe Cours. L'étude des deux feuilles de *Plain-Chant* dépend absolument du besoin plus ou moins immédiat que l'on peut avoir de ces connaissances spéciales[1].

26. Le passage de la 2e—VIIIe à la 3e—VIIIe ou IIe Cours s'opère sans difficultés ; ce ne sont que des tableaux de plus à mettre à l'étude, en ayant le soin, en général, de prendre des moniteurs pour lesquels il y ait un intérêt réel à repasser ce qu'ils vont faire étudier ; tels sont, par exemple, des élèves de la *division des secondes,* (2e—VIIIe) pour moniteurs de la *IIe classe,* ceux de la *division des tierces* pour la *IIIe classe* etc., tels sont encore des élèves de la 3e—VIIIe, pour

(1) Suivre les renvois réciproques, marqués entre les tableaux 24 ou 25 et les tableaux 26 à 41.

des groupes de la 2ᵉ —VIIIᵉ (division des *quartes* pour division des *quartes,* division des *quintes* pour division des *quintes,* etc.)

27. Afin qu'il n'y ait pas de lacune dans le travail des moniteurs, on prend pour deux séances consécutives les deux moitiés d'un même groupe, de sorte que, par exemple, pendant que la *moitié A* fait le service de moniteurs, la *moitié B* continue l'étude de son tableau, et, le lendemain, c'est la *moitié A* qui étudie son tableau, tandis que la *moitié B* sert à son tour de moniteurs. On peut encore, et à plus forte raison, employer comme moniteurs tout un groupe, qui est relevé le lendemain par un autre groupe.

§ 7.

Conclusion.

28. Après le tableau 41 (chants extraits de l'*Orphéon* et chant sacré par Perne), on continue, sans changer de mode d'instruction, l'étude des chants de cette espèce, soit exclusivement, soit concurremment avec le *IIᵉ Cours*, s'il doit faire partie de l'enseignement.

29. Ces études de l'*Orphéon* (et par Orphéon j'entends tous les chants de ce degré de force et d'intérêt qu'on voudra se procurer d'une manière quelconque), ces études, dis-je, sont un but agréable et appréciable vers lequel les élèves tendent avec courage, et qui, à Paris, nous produit de fort bons résultats. Dans plusieurs institutions on s'occupe spécialement de l'*Orphéon* un jour sur trois ; pendant une portion de la leçon des moniteurs les autres élèves du chant se hâtent d'autant plus ensuite pour être admis à l'*Orphéon.*

30. Secondé avec zèle et succès par M. Hubert, mon cher élève et premier répétiteur dans les écoles élémentaires, j'ai fondé, au mois d'octobre 1833, une réunion mensuelle pour les *chants de l'Orphéon*, où venaient se rendre avec plai-

sir et de quartiers fort éloignés les plus avancés de chaque école et de plusieurs grandes institutions du premier ordre. Ces exercices excitent parmi ceux qui y assistent et dans l'esprit de leurs camarades une bien innocente émulation, et ils fournissent le *specimen* d'un noble *chant populaire* sans luxe et sans trivialité. Puisse ce premier essai, ce point inaperçu, pur produit de la méthode, devenir en France le germe fécondant de mille et mille concerts aux cent voix !

«Oui, j'ose le croire, les chants de ces innocentes créatures seront des bénédictions pour vous ; en réjouissant vos oreilles, ils attendriront votre cœur.»

M. le baron de Gérando,
Proposition à la Société élémentaire, le 23 *juin* 1819.

1836. Guide de la Méthode (3e édition).

(1) Dans les réunions *partielles* pour l'*étude* des chants d'ensemble (règlement des réunions de l'Orphéon, page 144), chaque *partie* de chant est d'abord solfiée à l'*unisson* par tous les exécutants qui doivent cependant abandonner les sons trop aigus ou trop graves ; ensuite, pour un ensemble à trois parties par exemple, on affecte à chaque *partie* un tiers des exécutants, et après cette solmisation en chœur on dit : *montez d'une partie !* Alors les élèves de la troisième partie montent à la deuxième, ceux de la deuxième montent à la première, et ceux de la première descendent à la troisième ; quand cette mutation de parties a été faite encore une fois, tout le monde a solfié chaque partie.

Mais dans les études qui précèdent une *réunion générale*, pour des chants qui doivent être exécutés en public, il est bien entendu que chaque exécutant doit être placé à la partie de chant qui convient au diapason et au timbre de sa voix.

SECONDE PARTIE.

CHAPITRES SPÉCIAUX AUXQUELS IL EST RENVOYÉ DANS LE COURANT DE LA PREMIÈRE PARTIE DU GUIDE POUR LES DÉTAILS DE PROCÉDÉS DE L'ENSEIGNEMENT.

CHAPITRE PREMIER.

DEVOIRS DU MONITEUR GÉNÉRAL DE CHANT.

(Chapitre dont le moniteur général de chant, dirigé par le professeur, doit faire une étude toute particulière.)

AVIS. Dans les écoles on emploie un *coup de sifflet* pour obtenir un silence absolu et subit ou l'interruption de toute espèce d'exercices.

En classes de chant, on frappe avec une baguette trois coups assez forts et très précipités sur un corps quelconque, comme une table, une ardoise, le mur ou le plancher; et ce signal fait suspendre toute espèce d'exercices de musique. Il précède toujours les indications verbales du moniteur général. Si on marche en chantant, les *coups de baguette* font cesser les voix à l'instant même, mais le pas continue; on ne doit s'arrêter qu'au coup de sifflet. La différence établie entre ces signaux est nécessaire pour qu'ils ne soient pas confondus par les élèves, quand il y a simultanéité de travaux différents.

§ 1.

Avant la leçon de chant.

Objets à disposer : *réglettes* à placer si elles sont employées pour tracer sur l'ardoise une portée qu'il vaut mieux savoir faire sans ce secours, et *modèles de copies* ou de *notes à mesurer* pour les classes qui en font usage ; accrocher aux planches des télégraphes les petits cartons portant des chiffres correspondants aux numéros des groupes de chant quand cela est jugé nécessaire par le professeur ; — musique de *dictée* près de l'ardoise de chaque moniteur ; — mise à l'étude du dernier tableau inscrit pour chaque groupe sur la *feuille de service du chant* et *cartons d'appel* auprès de chaque tableau. — Nommer les moniteurs de dictée.

§ 2.

PREMIÈRE PÉRIODE.

Écriture musicale.

Au commandement du moniteur d'ordre qui dit : *Classes de chant, commencez*, faire régler les ardoises. — Faire commencer ensuite les *dictées parlées* par la classe la plus élevée et descendre progressivement jusqu'à la plus faible[1]. —

(1) Lorsque le chant est introduit parmi les élèves de la lecture courante, les autres élèves s'occupent de dictées littérales ou de dictées d'arithmétique pendant les dictées musicales, excepté au jour qui aura été fixé dans la semaine pour la séance générale de musique. Ce jour-là le moniteur général de chant envoie au moniteur d'ordre un moniteur de *chant par écho*, pour exercer par *écho* tous ceux qui ne sont pas des *dictées parlées*. Alors le moniteur d'ordre commande à ceux qui doivent chanter par *écho* : *Mains sur les genoux*, et le moniteur de chant fait répéter d'après le chapitre du chant par *écho*, les exercices qui lui sont désignés par le professeur. Le chant par *écho* cesse lorsque après les dictées musicales, le moniteur d'ordre commande l'inspection des ardoises.

Veiller à ce que tous les élèves d'une même classe battent la mesure pendant la dictée de leur moniteur, et, quand ce moniteur touche ensuite sur sa main les notes qu'il a nommées en mesure, voir s'il tourne le revers de la main du côté des élèves et s'il la tient à une hauteur suffisante pour qu'on puisse distinguer la position des notes touchées. — Pendant l'inspection, qui est commandée par le moniteur d'ordre, quand les télégraphes le lui indiquent, surveiller la correction des dictées, et marquer quelques bons points aux ardoises bien écrites et sans fautes [1]. — Diriger ensuite la lecture successive des dictées sans intonation, à partir de la classe la plus avancée, en disant: *attention, pour lire la dictée,* 1, 2, 3, 4 (et tous les élèves de cette classe lisent en mesure le nom des notes). Pendant chaque lecture simultanée pour toute une classe, examiner si les élèves battent la mesure exactement, s'ils ont les yeux sur leurs ardoises, et s'ils prononcent les notes qu'ils regardent; durant la lecture d'une classe, veiller à ce que les moniteurs des classes supérieures fassent lire *seul* tantôt l'un et tantôt l'autre de leurs élèves. — Quand les lectures sans intonation sont terminées, remonter le long des télégraphes, à la classe la plus forte, pour faire solfier les dictées soit successivement d'abord, et simultanément ensuite, soit simultanément dès la première fois. Si ces lectures sont successives, au lieu de dire, *pour lire la dictée,* on dit, *pour solfier la dictée.* Il faut ensuite à chaque dictée consul-

(1) Quand les élèves d'une école sont nombreux, les moniteurs ne corrigent qu'une seule ardoise sur trois ; et, comme chaque mesure de dictée a un chiffre, les deux élèves non inspectés comparent leur ardoise, mesure par mesure, avec l'ardoise corrigée. Le moniteur général doit veiller à ce que ce ne soient pas toujours les mêmes élèves qui soient inspectés. Après l'inspection les moniteurs de dictée restent debout à la gauche des bancs, et, au signal du moniteur d'ordre, ils retournent tous à la fois à leur place respective, en enlevant les règles ou les modèles de copie ; ces objets sont aussitôt rangés sur la table en petit tas auprès du télégraphe; un élève vient les prendre et va les porter dans le casier.

ter le diapason [1], vocaliser la tonique (sur *a*) et frapper un coup de baguette pour faire répéter en écho cette vocalisation, battre la mesure d'avertissement et solfier; si les lectures sont simultanées, on en avertit les élèves en disant : *ensemble des dictées*, puis *numéro d'accord*, 1, 3, 5, 8. Consulter le diapason en acier, faire entonner l'accord par les procédés indiqués (tableau 7-*A*), compter seul et haut les chiffres de la mesure d'avertissement, et de suite faire attaquer chaque partie au temps qui lui est fixé; que les dictées différentes soient de la même classe ou non, l'ordre des procédés d'exécution est le même [2]. — Après l'écriture et avant la marche pour aller aux groupes, désigner pour moniteurs de ces groupes ceux qui étaient employés à ce service à la fin de la séance précédente (première partie, 24).

(1) Le diapason en acier étant attaché à un ruban, on le suspend sur la poitrine du moniteur général de chant, comme se portent les chaînes de montre : c'est la décoration de cette fonction que plusieurs élèves remplissent alternativement. Mais, je dois citer comme leur excellent modèle le jeune Joseph Hubert, enfant de dix ans, et d'une intelligence remarquable. Il a conduit une partie de la classe en présence de S. E. le ministre de l'intérieur et de M. le préfet de la Seine, et c'est lui qui a dirigé seul le chant de toute l'école le jour de la distribution des prix en 1820. (*Note de la première édition.*)

M. Joseph Hubert est maintenant répétiteur en chef du chant dans les écoles communales de la ville de Paris, et il dirige avec beaucoup d'habileté plusieurs cours de chant pour les adultes hommes.

(2) Au moment où le moniteur général prononce chaque numéro d'accord, il désigne de la baguette toute la classe ou tout le banc des élèves qui doivent soutenir ce numéro; et, pour que ses indications soient convenables, il indique 1 à ceux dont la partie commence par la tonique; 3 à ceux qui attaquent la tierce; 5 à ceux qui commencent par la quinte, et 8 à ceux qui auraient l'octave de la tonique; il est entendu, d'après cela, qu'il ne distribue que les numéros dont les notes sont employées au début de chaque partie.

§ 3.

Marche pour passer de l'écriture à la lecture.

Si on doit chanter en canon pendant la marche : distribuer à toute l'école de chant l'ordre de l'entrée des parties en disant, par exemple, les deux premiers bancs en premier, les trois suivants en second et le reste en troisième [1]. Si on doit chanter un air dont les *parties* appartiennent à des classes en activité, désigner à chaque classe la partie qui lui appartient. —Quand la distribution des parties est faite et que le moniteur d'ordre a dit: *Aux cercles de chant*, consulter le diapason, vocaliser la tonique du morceau que l'on va exécuter, faire répéter (au coup de baguette) ce son en écho par toute l'école, marquer la vitesse du pas par la succession de trois ou quatre coups de baguette, et attaquer le morceau. Pour arrêter le chant sans arrêter la marche, il faut frapper assez fort avec la baguette les trois coups précipités qui sont le signal du silence [2].

N. B. Lorsqu'il faut faire exécuter un second ou un troisième chant pendant la même marche : distribuer à chaque fois les parties comme pour le premier chant, donner le ton, marquer le mouvement et attaquer.

(1) Si c'est un *canon* que l'on exécute, le moniteur, monté alors sur les bancs, peut passer lestement de l'une à l'autre table pour servir de chef d'attaque à chaque entrée de partie, ou bien il désigne quelques moniteurs-chefs, qui, debout à la tête des bancs et en regard des élèves, font cet office de *chef d'attaque*.

(2) Quand le chant et la marche doivent s'interrompre subitement, le directeur ou le professeur de chant donne un coup de sifflet.

§ 4.

DEUXIÈME PÉRIODE.

Chants généraux.

(Cinq minutes.)

Se placer en vue de tous les moniteurs de groupes, frapper les coups de baguette du silence et dire : *Moniteurs, au mur.*

(Les moniteurs se placent au centre de leurs demi-cercles en face des élèves.)

Désigner, d'après l'indication du professeur, des *chants généraux* pour toute l'école. Dire, par exemple : *gamme on notes, avec les signes manuels.*

(Prendre l'*ut* du diapason, le vocaliser au médium de la voix, et faire répondre en écho toute l'école au coup de baguette; commencer la gamme par l'*ut* grave, étendre le bras droit pour faire les signes manuels à chaque note, et, avec la baguette, frapper deux coups pour chaque son.)

Après la gamme en notes, pour faire faire la gamme en chiffres, dire : *gamme en chiffres avec les signes manuels.*

(Vocaliser *fa* ou *sol*, faire répondre en écho et solfier en chiffres, à partir du son vocalisé, 1, 2, 3, etc., en faisant les signes manuels et en indiquant la durée, comme pour la gamme en notes.)

Après la gamme en chiffres dire : *numéros d'accord* (désigner successivement chaque moniteur par un signe de la baguette. Le premier moniteur désigné doit dire : 1, le second 3, le troisième 5, le quatrième 8, le cinquième 1, et ainsi de suite, 3, 5, 8, 1, 3, 5, 8, jusqu'à ce que chaque moniteur ait pris un numéro qu'il chantera et soutiendra uniquement avec tous les élèves de son cercle, quand on aura donné le ton, et que, de deux en deux coups de baguette, on devra passer successivement par les sons 1, 3,

5, 8, pour rester chacun sur le son du chiffre qu'on a reçu). (Procédé du tab. 7-*A*.)

Pour faire exécuter tout autre chant en canon (de la méthode ou de l'*Orphéon*, appris d'abord à l'unisson par écho), distribuer les *entrées* en désignant les cercles, comme nos 16, 17 et 18 en premier; 19, 20 et 21 en second; 22, 23 et 24 en troisième, et surveiller les *entrées* successives comme dans la marche des tables aux groupes.

Le moniteur général fait aussi chanter sans musique notée (les moniteurs étant tournés vers les élèves) quelques gammes en canon, dont il indique la succession des valeurs, en disant, par exemple : UT, RÉ, MI, FA, *blanches, en canon à la* 2e *mesure;* et il désigne les cercles qui commenceront à la première mesure et ceux qui prendront à la seconde; il donne le ton, on répond par l'unisson; il bat la mesure d'avertissement et fait attaquer, ce qui produit

UT, RÉ,	MI, FA,
	ut, ré,

etc. S'il dit : UT, RÉ, MI, FA, *blanche pointée et noire, en canon,* à la 2e mesure, cela produit,

UT, RÉ,	MI, FA,	SOL,
	ut, ré,	*mi,*

etc.

N. B. Si, pendant cette période, on veut enseigner à l'école quelques chants que les moniteurs savent déjà, on fait chanter plusieurs fois chaque phrase à *l'unisson* par les moniteurs, et les élèves répètent ensuite ces phrases une à une avec leurs moniteurs.

§ 5.

TROISIÈME PÉRIODE.

(Aux demi-cercles.)

Lectures littérales et rythmiques. — Chants successifs ou simultanés.

AVIS. Durant la troisième période, indépendamment de ce que les simples lectures de texte et les exercices rythmiques ont lieu dans l'ordre où ils se présentent sur chaque tableau, la solmisation ou le chant s'effectue de groupe en groupe (pour ceux qui ont des solféges ou des chants), soit successivement la première fois que les exercices de musique vocale se présentent, soit simultanément quand la composition musicale est à plusieurs parties de la même classe ou de classes différentes.

Pendant le tour de chant d'un ou de plusieurs groupes, les autres groupes continuent leurs lectures littérales ou rythmiques, soit qu'ils repassent, soit qu'ils préparent pour leur prochain tour de chant.

N. B. Pour faire exécuter les morceaux à plusieurs parties de classes différentes, on attend qu'il y ait des élèves arrivés à la plus avancée de ces classes (jusque là les parties se chantent séparément); ainsi pour un ensemble de troisième, quatrième et cinquième classe, on ne fait pas exécuter ensemble les troisième et quatrième sans avoir la cinquième.

Au moment de la troisième période, veiller à ce que chaque *tour de chant* soit observé [1].

D'après l'ordre du professeur, faire chanter, durant le même tour de chant, des cercles voisins, soit sur la main, soit à vue de tableau [2]. — Pendant qu'un cercle chante

(1) Dans beaucoup de cas, le professeur ou le moniteur général peuvent seuls décider, d'après l'avancement des élèves, si, à tel ou tel *tour de chant*, on doit chanter sur la main ou à vue de tableau. Dans le chant sur la main on ne doit toucher des notes altérées que lorsque les élèves sont arrivés à l'étude de ces successions par la lecture du tableau 23.

(2) Quand il y a plusieurs cercles de la même classe et de la même force, on peut réunir en un seul *tour de chant* les exercices de plusieurs cercles, soit en leur faisant chanter les mêmes numéros à l'unisson, soit en en dirigeant ensuite l'exécution en canon. On peut, par la même raison, ajouter un *tour de chant* à

seul, à vue de tableau, arrêter tout à coup le chant et demander à un élève, *Où en est-on?* (L'élève interrogé doit montrer la mesure dont l'exécution a été interrompue; s'il ne répond pas exactement il descend le dernier du cercle.) — Arrêter également pendant l'exécution simultanée de plusieurs cercles. (Dans ce dernier cas chaque moniteur particulier interroge un élève dans son cercle, et, en cas de réponse inexacte, il fait opérer le changement de place indiqué ci-dessus.)

Au moment de l'exécution simultanée, diriger, d'abord sous les yeux du professeur et la partition à la main (édition manuelle ou copie), l'*ensemble* de morceaux à plusieurs parties (de la même classe ou des classes différentes), dire : *numéros d'accord*... et désigner chaque moniteur avec la baguette en donnant 1 à celui dont la première note est la tonique, 3 à celui qui commencera par la tierce, etc.; consulter le diapason, vocaliser la tonique, faire solfier, ou vocaliser (de deux en deux coups de baguette) les notes de l'accord 1, 3, 5, 8, 3, 5; faire cesser l'accord, indiquer la vitesse du mouvement comme pour les dictées, et de suite solfier, vocaliser ou chanter, selon l'objet de l'exercice qui a été commandé [1].

un autre, en faisant chanter simultanément plusieurs cercles pendant la durée de leurs *tours de chant* réunis.

Pour faire chanter sur la main et à la fois trois cercles voisins, le moniteur général monte sur le banc qui est en face du second de ces trois cercles ; il touche sur sa main, chaque moniteur le regarde, et touche les mêmes notes sur la sienne; les élèves, qui regardent tous leur propre moniteur, touchent et chantent par ce moyen les notes touchées par le moniteur général auquel cependant ils tournent le dos. On peut charger en ce moment un inspecteur d'examiner si tous les enfants touchent et chantent ce qui leur est montré.

N. B. En général les élèves d'un même cercle chantent à la fois pendant leur tour de chant; mais au moment des examens, on fait chanter seul tantôt l'un et tantôt l'autre de ces élèves.

(1) Pendant l'exécution d'un certain morceau, après avoir distribué dans cha-

§ 6.

QUATRIÈME PÉRIODE.

Examens particuliers et généraux.

Au moment de la 4ᵉ période, annoncée par le moniteur général qui, après les coups de baguette du silence, dit à haute voix : *Examens*, chaque moniteur prend son tableau en main et se place de nouveau le dos au mur.

Voici l'emploi exact du temps, pendant cette quatrième période.

1° Pour les moniteurs de groupes, faire les questions d'examen d'après le *questionnaire* ou préparer aux dictées si le professeur l'a recommandé (préparations aux dictées, chapitre de l'écriture musicale, pag. 38), ou, selon l'avancement de cercle, exercer à toucher sur la main les intervalles majeurs ou mineurs, augmentés ou diminués.

2° Pour le professeur et le moniteur général de chant, en allant tantôt à un cercle et tantôt à un autre sans suivre un ordre fixe que les élèves remarqueraient bientôt : — adresser quelques questions sur les études antérieures; examiner si les élèves sont au cercle qu'ils doivent suivre, ou s'il faut les faire monter ou descendre en emportant chaque fois leur *carte nominale*. Si presque tous les élèves d'un cercle savent un tableau, inscrire un autre tableau sur la *feuille de service de l'école de chant*[1].

que cercle un numéro d'ordre à chaque élève, commencer l'exécution simultanée du morceau, et, pendant cette exécution, nommer à haute voix un numéro, comme 2, par exemple; alors celui qui dans chaque groupe porte numéro 2 chante seul sa partie; et quand le moniteur général dit : *ensemble*, tous les élèves chantent de nouveau à la fois; s'il dit : 1—3—4, les premier, troisième et quatrième de chaque groupe chantent seuls. Les moniteurs de groupes surveillent l'exactitude des *solo* et *tutti*.

(1) Beaucoup d'expériences prouvent que certains élèves ne savent bien ce qu'ils ont étudié que lorsqu'ils ont déjà commencé une nouvelle étude. On n'at-

— Eu égard à la classe qu'on examine : vocaliser un intervalle et en demander les notes, nommer des notes et en exiger l'intonation ; solfier une mesure et demander la valeur des notes qui la composent, vocaliser une mesure et demander le nom et la figure des notes[1] ; et, toujours selon le degré d'avancement, demander quel est le nombre des dièses ou bémols annoncés par une tonique ; quelle est la tonique annoncée par tel nombre de dièses ou de bémols.

Ces examens journaliers sont fort utiles et ajoutent au ressort de la méthode (voir la note de la page 30 sur les examens).

Après la quatrième période.

Au signal donné par le directeur de l'école élémentaire ou par le professeur de chant, à l'heure fixée pour faire cesser les exercices de musique, le moniteur d'*ordre* reprend la totalité de ses fonctions et redevient *moniteur général* de l'école; il commande. *En ligne.* Après la distribution de la récompense que l'on accorde ordinairement au moniteur et au premier de chaque cercle, l'école rentre dans les bancs en classes d'écriture littérale. Si on chante pendant cette rentrée, l'exercice musical est préparé par le moniteur général

tendra donc pas toujours que le dernier d'un cercle réponde avec l'exactitude du premier pour faire changer de tableau à ce cercle, ou pour faire monter à une nouvelle classe ; lorsque des élèves *lents* ont été pendant un certain temps en avant, on les fait descendre et redoubler leurs études; de sorte que, si l'on peut s'exprimer ainsi, ils font six pas, et en reculent ensuite deux ou trois, puis six pas en avant et deux en arrière, puis encore six et deux, etc.; finalement ces sujets n'en arrivent pas moins, et c'est ainsi que commencent quelquefois d'excellents élèves.

(1) Durant la quatrième période, les chants d'examen individuel (exécutés sur la main ou à vue de tableau) se faisant dans des cercles différents, ils ont naturellement peu d'intensité, et quelquefois on peut tenter de les laisser entendre dans le même moment; au reste, cela rentre dans l'une des pratiques rapportées, note finale de la Préface de ce Guide, à propos des conservatoires d'Italie. On verra également, à la fin de la même note, quels sont les motifs pour lesquels on a cru devoir d'ailleurs éviter expressément l'exécution simultanée de chants non concordants.

de chant et exécuté par les élèves comme tous ceux du même genre.

Lorsque la séance du chant est terminée, le moniteur général de chant, aidé par un moniteur adjoint, enlève les *cartons d'appel*, les *tableaux*, les *indicateurs*; il remet chaque chose à sa place, et, son service étant ainsi terminé, il va reprendre sa place d'élève parmi ses camarades[1].

EXAMENS D'INSPECTION.

(1) De nombreuses expériences ont fait reconnaître l'avantage des *questions d'examens* par *sommaires des tableaux* pour la série des 22 premiers tableaux qui comprennent les *huit classes élémentaires* de la première étude du chant. Voici une brève indication de ce mode d'examen pour lequel la question laconique qu'on adresse à l'élève doit être faite sur le ton d'une vive interpellation.

D. *Combien de tableaux dans la première classe*? R. *Sept* — *Tableau 1*? L'escalier vocal; ce que c'est que solfier, vocaliser ou chanter; les signes manuels du ton et du demi-ton. (On demande aussi combien de tons et de demi-tons dans la gamme.) — *Tableau 2?* Figure des notes et des silences. (On fait nommer ces figures.) — *Tableau 3-A?* La grande portée de onze lignes, la portée ordinaire de cinq lignes; les trois clefs. (On fait nommer et dessiner les trois clefs, et ainsi de même pour les autres tableaux de la première classe qui ont chacun un objet très déterminé et un aspect différent.

Combien de tableaux dans chacune des classes élémentaires de chant, depuis la deuxième? Deux tableaux par classe. Tableau *pair* comme 8, et tableau *impair* comme 9.—*A quoi reconnaissez-vous les premiers tableaux de classe, ou les tableaux pairs* 8, 10, 12, etc.? A la progression de l'intervalle noté en rondes; à l'indication du chant sur la main, en petites notes; aux exercices progressionnels écrits en *blanches* et *noires* mêlées. — *A quoi reconnaissez-vous les seconds tableaux de chaque classe, ou les tableaux impairs*, 9, 11, 13, etc.?Aux trois lignes de *noires*, pour l'étude progressionnelle de l'intervalle; au *chant* de l'intervalle qu'on étudie; et aux études rhythmiques avec *croches*.

Ces examens par *sommaires des tableaux* contribuent beaucoup à mettre de l'ordre dans l'esprit des élèves par rapport à leurs études de musique vocale.

CHAPITRE DEUXIÈME.

EXERCICE DE VOCALISATION PRÉPARATOIRE NOMMÉ LE CHANT PAR ÉCHO.

Le chant par *écho* consiste en une répétition exacte et immédiate des sons entendus, comme le ferait un *écho ;* les exercices préparatoires offerts à la répétition par *écho* se vocalisent. Ils sont d'abord formés, comme on le verra, des sons de l'accord parfait et de ses renversements, parce que ces successions mélodiques, indiquées par la nature même dans la resonnance harmonique des corps sonores, sont bien plus faciles à saisir et à répéter que la gamme diatonique *ut, ré, mi, fa, sol, la, si, ut,* qui est une sorte d'ordre alphabétique et de convention des sons engendrés harmoniquement par les trois accords : *fa—la—ut, ut—mi—sol, sol—si—ré.*

(Tableau 25, Ier Cours, et 1er tableau complémentaire, IIe Cours.)

§ 1.

Exercices par *écho* auxquels il est renvoyé page 3 de la première partie du Guide.

Le chant par *écho* a lieu, d'abord, entre le professeur et les moniteurs-chefs.

Le professeur vocalise un son, comme *ut* ou *la*, sur la voyelle *a*, et au signal qui consiste à frapper avec l'*index* et le *medium* de la main gauche dans la paume de la main droite, les élèves répètent immédiatement en *écho* chaque portion des exercices suivants.

N. B. La durée de chaque note doit être, à peu près, celle d'un temps *largo* et tous les sons doivent être fort liés.

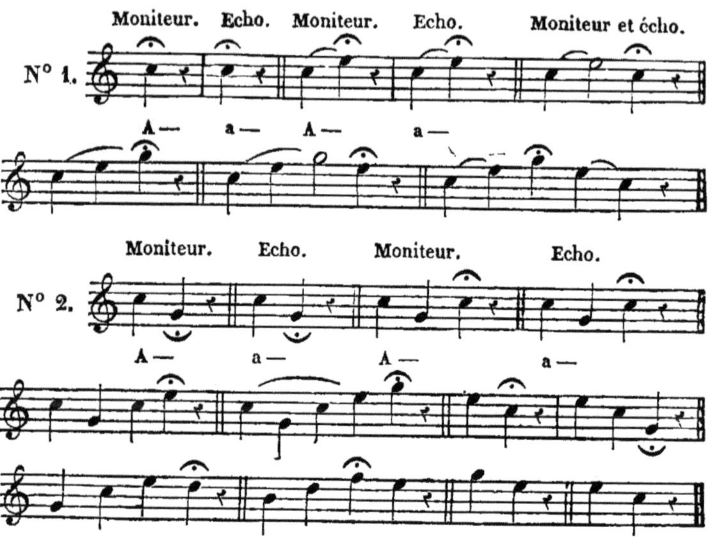

§ 2.

Suite des exercices du chant par écho.

(Exercices à faire exécuter à la suite des précédents, une fois la semaine, pendant les copies et les *dictées parlées* des classes de chant, par les enfants qui ne participent pas encore à ces copies ou à ces dictées. Renvoi de la page 6, première partie du Guide.)

Procédés : 1° On fait monter à l'une des extrémités de chaque banc des tables, ou de deux en deux bancs, un élève ou moniteur déjà habitué aux répétitions immédiates du chant par *écho* ; 2° un élève ayant une voix juste et timbrée (si ce n'est le professeur ou l'un des moniteurs généraux) fait répéter en *ého*, comme il est indiqué précédemment, les diverses portions du n° 1, et, dans la suite celles des n°s 2 à 6. Chaque petite mélodie est répétée plusieurs fois s'il le faut; 3° le moniteur de chant par écho commence par vocaliser: au premier signal les moniteurs qui sont sur les bancs répondent seuls en premier écho, et après eux, au second signal, tous les enfants répondent en second écho. Exemple, premier moniteur (en vocalisant): *do—mi*, moniteurs, *do—mi*; élèves, *do—mi*.

Cette utile préparation par *écho* plaît aux enfants; elle rend les jeunes oreilles attentives, exerce l'organe vocal dans des cordes faciles à parcourir, et dispose à saisir avec facilité et justesse les *airs types* et quelques autres marches dont le chant se retient aussi d'après ce mode de transmission[1].

N. B. Après quelques séances on supprime l'écho intermédiaire, et, pendant les *dictées-parlées* de la méthode, les enfants qui n'écrivent pas répondent directement en *écho* aux vocalises du moniteur de chant.

(1) Ce serait une sorte de futilité, sous le rapport de l'art, si l'on bornait l'étude de la musique à faire apprendre par cœur aux enfants un certain nombre d'airs; cela vaut mieux sans doute que de leur laisser choisir leurs refrains dans les seules chansons des rues; mais un exercice aussi borné contribuerait-il beaucoup à rendre la musique populaire en France? Moins on semble reconnaître au peuple français de facilité naturelle pour un art dont s'occupent si heureusement tant de compositeurs et d'artistes nationaux, et plus on doit sentir que la connaissance et la mémoire locale des signes peuvent seules perfectionner une faculté dont l'exercice habituel se pratiquera ensuite ici comme ailleurs. Moins l'oreille est formée, et plus les images et le raisonnement doivent être mis en usage pour venir à son aide. C'est ce qui m'a déterminé dans l'invention ou le choix des procédés que j'emploie; d'heureux résultats ont déjà été obtenus.

Certaines intonations, fixées dans la mémoire des enfants par un simple signe manuel, sont reproduites par eux à la simple vue de ce signe. Des chants exécutés à des groupes éloignés ne manquent pas de justesse et de précision; et les élèves, en se promenant, chantent de mémoire, et en *parties*, des morceaux assez longs qu'ils ont appris à vue de musique. Or, enseigner par *écho* des parties de chœur, ne peut être que le fruit fort incertain de la routine, et cela encore pour un répertoire déterminé et nécessairement fort borné.

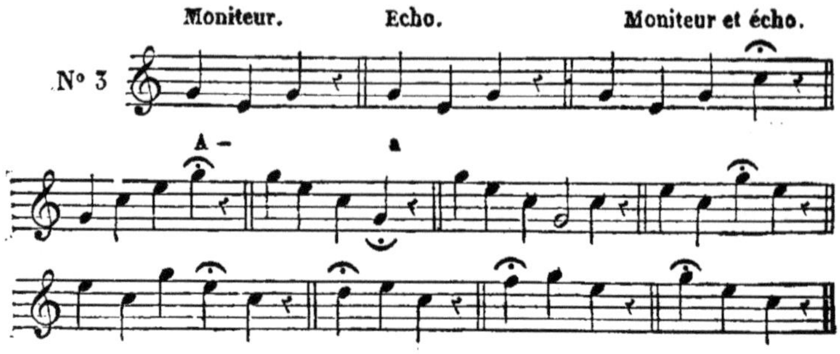

Moniteur. Echo. Moniteur et écho.

N° 3

A — a

N° 4.

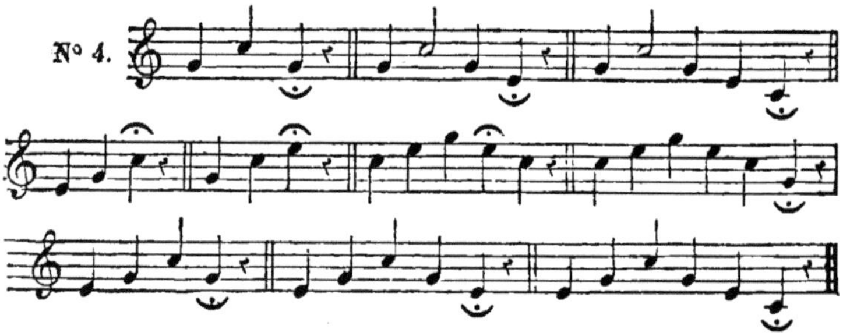

N° 5.

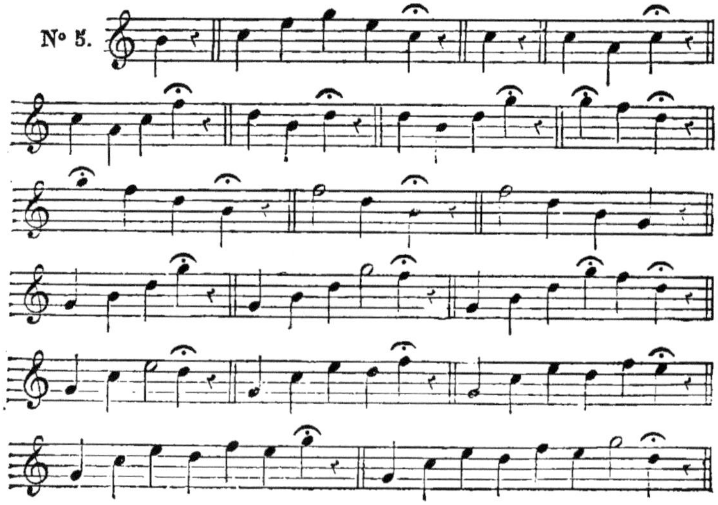

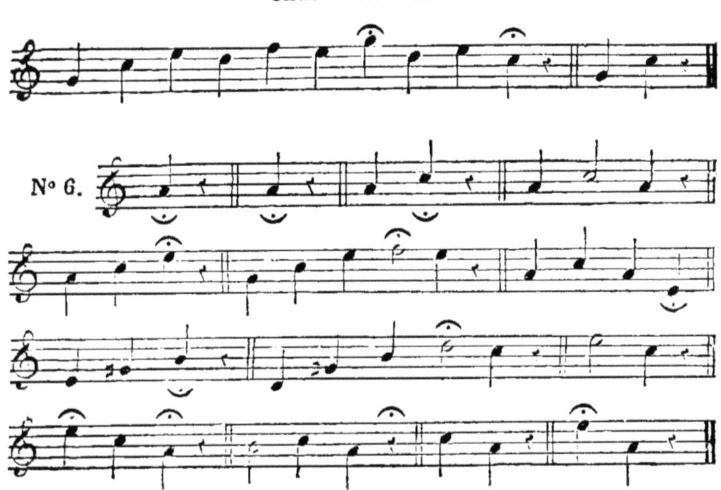

N. B. On peut ajouter à ces exemples beaucoup d'autres traits analogues et d'un mouvement un peu moins uniforme.

CHAPITRE TROISIÈME.

PROCÉDÉS DE L'ÉCRITURE MUSICALE.

§ 1.

Instructions préliminaires.

Les dictées de la méthode sont subordonnées, dans chaque classe, à l'*intervalle* et aux valeurs *rythmiques* qui y sont fixées; ces dictées se font sans intonations musicales, c'est-à-dire que le moniteur prononce le nom des notes sans les solfier (comme dans nos lectures *rythmiques*). Les élèves, préparés par leurs études de la mesure, jugent de la durée d'une note par le nombre de temps qui s'écoule entre son appellation et celle d'une autre note ou silence, ou encore par le nombre des notes qui se passent dans un même *temps* [1]. Après l'énonciation des notes on marque leurs intervalles en les touchant immédiatement sur la main, comme on va le faire connaître dans le § 4.

(1) Quelques-uns des exercices de chant qui s'exécutent aux demi-cercles, remplacent, avec économie de temps, l'effet des dictées chantées; lorsqu'un élève s'aperçoit que son voisin chante une autre note que celle qu'il s'impose en touchant sur sa main ou sur la portée de l'Indicateur, il prouve, presque au même degré, qu'il connaît l'intervalle indiqué et celui qui a été chanté par erreur; ensuite, quand le moniteur présente, en écho à son cercle, des sons dont il demande les rapports d'intervalle, ou, lorsqu'en nommant un intervalle, il en demande l'intonation et les figures des notes (s'il a battu la mesure en chantant), la facilité avec laquelle il peut adresser rapidement la même question aux élèves qui l'entourent et la promptitude des réponses prouvent que le temps employé à écrire ces réponses sur l'ardoise n'ajouterait rien à leur exactitude et en restreindrait, au contraire, singulièrement le nombre; les résultats précédents sont si certains que les élèves, non exercés aux dictées chantées, écrivent couramment sous ces dictées la première fois qu'on veut en faire l'épreuve.

Cette nouvelle espèce de *dictées* (pratiquée cependant dès 1819) permet d'écrire mesure par mesure, dans une même période de temps, et selon l'intervalle affecté à chaque classe, les parties séparées de phrases musicales qui se solfient ensuite en chœur. Ce moyen permet encore, pour les autres jeunes élèves, l'exercice préparatoire du chant par *écho* pendant les dictées mêmes et tandis qu'on en fait une première lecture rythmique.

En classe d'écriture musicale, les élèves sont placés dans les tables de l'école comme pour l'écriture littérale ; mais chaque moniteur de dictée, assis près du télégraphe sur la table qui précède immédiatement celle de sa classe, et tournant le dos au moniteur général, a par conséquent ses propres élèves sous les yeux. Il peut ainsi s'assurer que ces élèves marquent les temps régulièrement, et toute sa classe le voit très bien lorsqu'il touche sur ses doigts les notes dont il vient de dicter la durée [1].

Les *dictées-parlées* se font de table en table, en commençant par la classe la plus avancée, qui est aussi la plus éloignée du moniteur d'ordre (page 13), et chaque classe écrit tour à tour une mesure comme chaque banc écrit un mot dans les dictées littérales de l'école.

Pour faire commencer les dictées le moniteur général dit : *Sixième classe* (ou cinquième, ou quatrième, selon le rang de la classe la plus haute), *commencez*. Et aussitôt les moniteurs font successivement leur dictée, et les élèves écrivent d'après les procédés décrits au § 4 de ce chapitre [2].

(1) Les élèves disposés de cette manière, et assis sur de simples bancs sans tables, peuvent écrire les dictées musicales, en tenant les ardoises sur leurs genoux. C'est ainsi que cela ce pratique dans plusieurs institutions particulières.

(2) Dans les dictées de la méthode on ne borne pas la dictée d'une mesure à sa stricte contenance, mais on la conduit jusqu'à la première note de la mesure suivante, parce que la valeur exacte de la dernière note brève d'une mesure, par exemple, s'apprécie bien plus par la rapidité de sa chute sur la première note

Les dictées étant terminées, le moniteur général donne l'ordre de l'inspection des ardoises, et on en corrige une seule pour trois élèves; ensuite on fait successivement, et par classe, la lecture mesurée et sans intonation. Pendant que toute une classe lit ainsi, les moniteurs de celles dont les corrections sont achevées vont entendre quelques lectures individuelles. Enfin le moniteur général donne le TON, et les dictées se chantent tour à tour, ou simultanément, quand la composition en permet l'ensemble. On peut prendre sur les tableaux des phrases de chant comme exemples tout préparés de ce dernier travail; c'est même un moyen utile d'accélérer la lecture des tableaux.

§ 2.

Préparation des élèves aux formules des dictées musicales.

Avant de soumettre les élèves aux dictées de la Ire classe de la méthode, on les prépare de temps à autre à ces dictées en les exerçant, pendant la période des examens, à reconnaître la valeur des figures des notes sur lesquelles on bat 1, 2, 3 ou 4 temps. Cette manière de préparer au groupe les dictées qu'on fera ensuite dans les tables est nécessaire, parce qu'une fois dans les bancs les élèves ne doivent pas adresser la parole au moniteur.

Voici maintenant pour les classes II à VIII les procédés de cet exercice. 1° Le moniteur fait analyser ainsi qu'il suit, et à mesure qu'il les nomme, les différentes parties de la formule des dictées. Il dit : PORTÉE DU PREMIER DESSUS, et il ajoute aussitôt : *Quelle est la clef de cette portée et sur quelle ligne est-elle posée?*

(La réponse doit être : *clef de* sol *deuxième ligne.*)

de la mesure suivante, que par son éloignement de celle qui la précède. De cette manière, le chant est aussi moins démembré, et sa terminaison au temps fort semble être mieux dans les lois de la mélodie.

Si l'élève questionné se trompe, ou s'il hésite, *le moniteur* dit : *Suivant?...* (en s'adressant à l'élève d'après), etc.

Le moniteur dit : *A 4 temps*, et il ajoute. *Comment indique-t-on sur la musique la mesure à 4 temps?* La réponse doit être : *Par un grand C. Le moniteur* dit encore : *Dessinez le C quatre temps*, et l'élève dessine la lettre en l'air.

Le moniteur dit : VALEUR D'UNE RONDE PAR MESURE, et il ajoute : *Quelle est la valeur d'une ronde?* Le premier élève interrogé : *La ronde vaut deux blanches; ou....?* (ajoute *le moniteur*) : et l'élève suivant répond : ou *quatre noires; ou...?* (continue *le moniteur* en s'adressant à divers élèves, jusqu'à ce qu'on lui ait répondu).

2o Le moniteur avertit ses élèves qu'au lieu de prononcer le mot *barre* pour terminer chaque mesure, on prononce le nom de la note qui suit immédiatement cette barre et qu'ainsi il ne faut pas écrire la dernière note dictée ; exemples :

Le moniteur : Attention ! — Première mesure,

1	2	3	4	1 — 2	3	4	|
un,	deux,	trois,	quatre;	*ut,*	*re,*	*mi,*	*fa.*

Quelles sont ces figures de notes?

(La réponse doit être : UT-*blanche*, RÉ-*noire*, MI-*noire*.)

Le moniteur : Attention ! — Deuxième mesure,

1	2	3	4	1	2	3 — 4	|
un,	deux,	trois,	quatre;	*fa,*	*sol,*	*la,*	*si.*

Quelles sont ces figures de notes?

(La réponse doit être : FA-*noire*, SOL-*noire*, LA-*blanche*.)

Après avoir fait répéter deux ou trois fois les exercices de préparation ci-dessus, le moniteur touche aussi sur ses doigts la position des notes qu'il a nommées, afin d'habituer également les élèves à cette indication.

N. B. Quand les élèves ont ainsi rendu compte des formules de dictée, ils sont en état d'écrire sous la dictée sans intonation, qui commence à la deuxième classe.

3° A mesure qu'on avance dans la lecture des tableaux, on fait aussi connaître aux élèves les formules de dictées en notes *liées, syncopées* et *détachées.* (Voir ces formules, page 55.)

4° Enfin une dernière préparation consiste à faire dicter par les élèves telles ou telles notes dont on leur dit le nom et la figure ; exemple :

Dictez : UT—*blanche,* RÉ—*noiré,* MI—*noire* et FA hors la mesure.

(L'élève désigné doit battre : *ut* deux temps, *ré* un temps, *mi* un temps, et *fa* en frappant. Il montre ensuite la position de ces notes sur sa main.)

Dictez : LA, SI, UT, RÉ—*noires,* notes liées, et MI hors la mesure.

Dictez : LA—*noire,* UT—*noire,* SOL—*blanche,* et LA hors la mesure.

§ 3.

Procédés pour faire régler les ardoises au crayon par les élèves.

Les frais d'ardoises *réglées* pour la musique sont assez considérables dans une école élémentaire nombreuse ; et ce n'est pas sans difficultés et sans perte de temps que l'on peut ôter les ardoises ordinaires, placer les ardoises de musique, et rétablir ensuite les premières ardoises. J'ai songé à éviter cet inconvénient, en faisant tracer simultanément, par chaque élève, une portée au crayon sur les ardoises ordinaires des écoles. L'expérience prouve que les dictées de 4, 6 ou 8 mesures suffisent pour prendre l'habitude de l'écriture musicale, et 8 mesures ordinaires peuvent s'écrire sur une seule portée.

On sait que, sur les ardoises ordinaires des écoles élémentaires, la hauteur du corps de l'écriture est déterminée par des traits parallèles légèrement creusés; il y a entre deux traits creusés pour une ligne d'écriture, et deux autres traits marqués pour la ligne au-dessous, un espace plus grand que celui du corps des lettres : c'est dans cet espace plus grand, et qui ne sert pas ordinairement à l'écriture, qu'on fait tracer la portée musicale au crayon, en employant pour la première ligne de cette portée le trait creux inférieur, et pour la cinquième ligne le trait creux supérieur. Une ligne au crayon repassée sur les deux traits, et trois autres lignes tracées entre celles-là, forment ainsi la portée musicale.

Le moniteur général de chant, qui est chargé par le professeur de disposer les tableaux de musique avant la leçon, fait en même temps placer en tête des ardoises les modèles de copies.

Remarque. Comme les indications qui viennent d'être données se rapportent naturellement aux exercices du dessin linéaire, puisqu'il s'agit de tirer des lignes parallèles, on jugera peut-être convenable de ne pas prendre d'abord sur le temps accordé à l'école du chant celui qu'il est nécessaire d'employer pour acquérir la première habitude de cette opération. Au reste, la première classe n'a besoin que de l'une des lignes qui existent déjà sur les ardoises striées de l'école, et c'est pour cela que les plus petits enfants peuvent être occupés, si on veut, aux premiers exercices de l'écriture musicale. La portée n'est indispensable qu'à partir de la deuxième classe.

§ 4.

Formules des dictées de l'écriture musicale.

On commence par mettre sous les yeux des élèves de la première classe des modèles de copie, afin qu'avant d'écrire sous la dictée ils prennent d'abord l'habitude de tracer les figures de notes et de silences, sans être assujétis à aucune espèce de mesure.

N. B. Les feuilles de *modèles de copie* se coupent par bandes le long des lignes et chaque bande se colle sur un carton de la grandeur du modèle.

PREMIER EXERCICE. — Ire CLASSE.

(Pendant et après le tableau 2.)

Copie de modèles des figures des notes et des silences.

(Modèles lettre A.)

Un peu avant le commencement de la leçon, le moniteur général fait placer devant chaque ardoise l'un des modèles de copie lettre A.

Rangés en classe d'écriture, les élèves doivent aligner leurs notes et les silences le long des lignes striées pour l'écriture littérale (ardoises ordinaires), ou entre deux lignes de la portée (ardoises réglées). Dans le premier cas, on leur recommande de ne pas faire les notes trop grosses, et dans le second cas, on leur fait placer les notes entre deux lignes, ce qui détermine naturellement la grosseur des notes. En corrigeant les ardoises, on rappellera aux élèves que la pause se trace dessous une ligne, et la demi-pause dessus.

DEUXIÈME EXERCICE. — Ire CLASSE.

(Après les tableaux 2, 3 et 4.)

Dictée *non mesurée* des figures de notes, de silences et de clefs.

N. B. Les modèles de copie sont encore en tête des ardoises, afin que les élèves aient sous les yeux les formes de notes, de silences et de clefs qu'ils entendent dicter.

Le moniteur dicte de suite quatre figures de notes, de clefs ou de silences, dont on peut lui fournir un original, ou qu'il prend au hasard sur le modèle des copies A. Afin que ces noms se retiennent mieux, il les répète aussitôt une seconde fois et dans le même ordre.

Sur l'original de ces dictées, il faut laisser un peu de blanc entre chaque groupe de quatre signes. Si le moniteur les nomme au hasard, il aura le même soin en écrivant sur son ardoise.

Les élèves écrivent les dictées le long des lignes striées, et ils doivent, ainsi que le moniteur, placer au-dessus de ces dictées les chiffres 1, 2, 3, etc., pour les aider à distinguer ces dictées au moment de la correction.

Formule de la dictée.

Le moniteur dit : Première classe, première dictée. Ronde — noire — croche — blanche.

(Les élèves écrivent la figure de chaque note dictée.)

Le moniteur. Attention! deuxième dictée. Pause — double croche — clef de *sol* — soupir.

(Les élèves écrivent.)

Le moniteur. Attention! troisième dictée. Clef d'*ut* — demi-soupir — noire — demi-pause.

(Les élèves écrivent.)

Remarque. On fait tout au plus huit dictées dans une classe.

Dictée *non mesurée* de notes et de silences équivalents.

Formule de la dictée.

Le moniteur dit : Première classe, première dictée. Silence d'une ronde — silence d'une blanche — noire — silence d'une noire; et il répète deux fois de suite cette dictée comme l'ont été celles du deuxième exercice.

(Les élèves écrivent : *pause, demi-pause, noire, soupir,* et portent le chiffre 1 sur ce groupe.)

Le moniteur : Attention ! Deuxième dictée. Silence d'une croche — note d'un quart de soupir — note d'une demi-pause — note d'un soupir.

(Les élèves écrivent : *demi-soupir*, *double-croche*, *blanche* et *noire*.)

Remarque. On fait plusieurs dictées de cette sorte ; mais pour qu'elles soient plus faciles d'abord, on évite de passer subitement de la première à la dernière figure de notes ou de silences. La correction des ardoises se fait ensuite.

TROISIÈME EXERCICE. — Ire CLASSE.

(Après le tableau 5.)

Dictée *mesurée* des figures des notes *ronde*, *blanche*, *noire*.

(Les dictées se forment de combinaisons de six mesures analysées sur le tableau 5.)

1° Le moniteur marque les temps et les fait marquer instantanément aux élèves de sa classe. C'est lui seul qui compte à haute voix les temps de la mesure d'avertissement, et, sans s'arrêter, il prononce pendant la mesure suivante le nom des figures de notes qu'il veut dicter.

Remarque. Il est bien entendu que les mesures d'avertissement qui précèdent chaque dictée ne s'écrivent pas par les élèves. Elles annoncent seulement la vitesse du mouvement et servent à le régulariser, afin qu'on puisse porter toute son attention sur la valeur des notes prononcées par le moniteur en marquant tel ou tel temps.

Formule de la dictée.

Le moniteur dit d'abord : Première classe. — A quatre temps. — Valeur d'une ronde par mesure.

(Les élèves écrivent un C en tête du trait creux ou de la portée sur laquelle ils vont aligner leurs notes.)

Le moniteur dit ensuite : Attention! (ou première classe,

si plusieurs classes font des dictées) — Première mesure (et il prononce aussitôt)

1	2	3	4	1 — 2	3	4	|[1]
un,	deux,	trois,	quatre.	*blanche,*	*noire,*	*noire,*	*barre.*

(Les élèves écrivent à la suite du C: *blanche* et *deux noires;* ils tirent une *barre de mesure,* et posent le chiffre 1 au-dessus de la mesure qui vient d'être dictée.)

Le moniteur : Attention ! — Deuxième mesure.

1	2	3	4	1	2	3 — 4	|
un,	deux,	trois,	quatre,	*noire,*	*noire,*	*blanche,*	*barre.*

(Les élèves écrivent après la barre de la première mesure : deux *noires* et une *blanche ;* ils tirent une *barre* et posent le chiffre 2 sur cette deuxième mesure.)

Le moniteur : Attention ! — Troisième mesure.

1	2	3	4	1	2 — 3	4	|
un,	deux,	trois,	quatre,	*noire,*	*blanche,*	*noire,*	*barre.*

(Les élèves écrivent après la barre de la deuxième mesure : une *noire,* une *blanche* et une *noire,* ils tirent une *barre* et posent le chiffre 3 sur cette troisième mesure.)

Remarque. Les chiffres placés au-dessus des mesures dictées ont pour objet d'aider le moniteur dans la correction de l'écriture, en lui faisant comparer les mesures écrites et les mesures dictées qui portent le même numéro, Ces chiffres sont également utiles dans les classes où l'on solfie, lorsqu'on veut faire recommencer l'exécution d'une ou plusieurs mesures déterminées, à l'unisson ou en parties, soit dans les bancs, soit dans les demi-cercles.

(1) Les chiffres arabes indiquent le rang des temps qui s'écoulent pendant que le moniteur dicte des notes ou des silences. Le trait tiré au-dessus du mot *barre,* qu'il prononce, terminant sa dictée, marque la *barre de mesure* que le élèves doivent abaisser pour clorre chaque mesure.

2° Après la dictée (et au commandement du moniteur général, s'il y a plusieurs classes), le moniteur inspecte l'écriture en corrigeant une ardoise pour trois élèves. Il revient ensuite à sa place et fait lire ses élèves ; et chacun doit regarder la dictée en prononçant les noms des figures de notes comme aux demi-cercles. Si le temps fixé pour l'écriture musicale le permet, le moniteur fait lire deux ou trois élèves seuls.

Remarque. Il est nécessaire de graduer la difficulté des dictées, et de réserver par exemple l'emploi de la mesure *noire, blanche, noire*, pour les dernières fois. La première dictée, pour qu'elle soit bien comprise, et surtout lue de suite, ne doit contenir qu'un mélange des mesures suivantes, qui sont les trois premières de celles qu'on analyse sur le tableau 5. Les voici :

| *Ronde* | *blanche blanche* | *noire noire noire noire* |

QUATRIÈME EXERCICE. — Ire CLASSE.

(Après le tableau 6.)

Dictée *mesurée* des figures de notes *ronde*, *blanche*, *noire*, et des silences équivalents.

N.B. Les dictées se forment de combinaisons des mesures analysées sur le tableau 6.

Les temps de chaque mesure d'avertissement, ainsi que ceux de la mesure dictée, se marquent par le moniteur et ses élèves, comme dans le troisième exercice. Toutes les dictées mesurées suivent la même marche.

Formule de la dictée.

Le moniteur : Première classe — A quatre temps, valeur d'une ronde par mesure.

(Les élèves écrivent un C en tête de leur copie.)

Le moniteur : Attention ! — Première mesure.

1 2 3 4 1 — 2 3 4 |
un, deux, trois, quatre, *blanche, un, deux, barre.*

(Les élèves écrivent à la suite du C : *blanche* et *demi-pause;* ils tirent une *barre de mesure* et posent le chiffre 1 sur les notes dictées.)

Le moniteur : Attention ! — Deuxième mesure.

1 2 3 4 1 2 — 3 4 |
un, deux, trois, quatre, *noire, blanche, un, barre.*

(Les élèves écrivent après la barre de la première mesure : *noire, blanche* et *soupir;* ils tirent une *barre* et posent le chiffre 2 sur cette mesure.)

Le moniteur : Attention ! — Troisième mesure.

1 2 3 4 1 — 2 3 — 4 |
un, deux, trois, quatre, *un, deux, trois, quatre, barre.*

(Les élèves écrivent : *pause,* ils tirent une *barre* et placent le chiffre 3 sur cette troisième mesure.)

Le moniteur : Attention ! — Quatrième mesure.

1 2 3 4 1 2 3 4 |
un, deux, trois, quatre, *un, noire, noire, un, barre.*

(Les élèves écrivent : *soupir,* deux *noires* et *soupir;* ils tirent une *barre* et posent le chiffre 4.)

Remarque 1. La correction et la lecture de la dictée s'effectuent comme pour le troisième exercice; et les dictées doivent être graduées et en rapport avec l'avancement des élèves dans la lecture mesurée.

Dictée *mesurée* avec emploi de la *blanche pointée.*

Le moniteur : Attention ! — Première mesure.

1 2 3 4 1 — 2 — 3 4 |
un, deux, trois, quatre, *blanche, point, noire, barre.*

(Les élèves écrivent : *blanche pointée* et *noire*; ils tirent une *barre* et posent le chiffre 1 sur cette mesure.)

Le moniteur : Attention ! — Deuxième mesure.

1 2 3 4 1 2-3 4 |
un, deux, trois, quatre, *un, blanche, point, barre.*

(Les élèves écrivent : *soupir* et *blanche pointée;* ils tirent la *barre* et posent le chiffre 2.)

Le moniteur : Attention ! — Troisième mesure.

1 2 3 4 1-2-3-4 |
un, deux, trois, quatre, *ronde, barre.*

(Les élèves écrivent : une *ronde,* tirent la *barre* et posent le chiffre 3.)

Le moniteur : Attention ! — Quatrième mesure

1 2 3 4 1-2 3 4 |
un, deux, trois, quatre, *point, noire, noire, barre.*

(Les élèves écrivent : le *point,* qui, venant après la ronde de la mesure précédente, vaut une blanche ; après le point ils écrivent deux *noires,* tirent la *barre* et posent le chiffre 4.)

Remarque. Correction et lecture de la dictée comme pour le troisième exercice.

CINQUIÈME EXERCICE. — CLASSE II A VIII.

(Pendant et après le tableau 8.)

Copie pour s'exercer à ne placer entre deux barres que la valeur d'une ronde.

N. B. On fait placer devant les ardoises les modèles de copie lettre B.

Les élèves, en copiant ces exemples, tirent une barre de mesure, chaque fois qu'ils reconnaissent que la somme des valeurs copiées équivaut à la durée d'une ronde. Voici, par exemple, comment seront placées les barres des quatre premières mesures.

1re. 2e.

| Blanche, deux noires | Demi-pause, soupir, noire

3e. 4e.

| Soupir, noire, blanche | Noire, soupir, deux noires | etc.

1re Remarque. Le septième exercice s'écrit sur la portée, et les élèves doivent placer les notes aux positions qu'elles occupent sur le modèle.

2e Remarque. Cette copie donne lieu à deux sortes de lectures : lecture des *figures* de notes et lecture de leurs *positions;* voici les deux formules pour les quatre mesures ci-dessus :

1° Blanche, deux noires, barre; demi-pause, soupir, noire, barre.

Soupir, noire, blanche, barre; noire, soupir, deux noires, barre.

2°. *Ut, ré, mi,* barre; *Un, deux, trois, noire*, barre; *Un, sol, fa,* barre; *Mi, un, ré, ut*, barre.

SIXIÈME EXERCICE

Avec lecture rythmique et solmisation.

(Du tableau 9 au tableau 22.)

N. B. Les dictées doivent toujours être en rapport de valeurs et d'intervalles avec les tableaux d'exécution vocale qui sont alors en lecture. Dans cette vue on peut tirer quelques phrases de la musique des tableaux, ou en fournir d'autres qui remplissent les mêmes conditions.

Formule de la dictée.

Le moniteur dit : Deuxième classe. — Portée du premier dessus ; à quatre temps, valeur d'une ronde.

(Les élèves écrivent une clef de *sol* en tête de la portée, et un C après la clef.)

Le moniteur : Attention! — Première mesure.

1	2	3	4	1 — 2	3 — 4	|
un,	deux,	trois,	quatre;	*ut,*	• *si,*	*ut.*

(Les élèves battent, avec le moniteur, la mesure d'avertissement, mais sans en prononcer les chiffres, et ils continuent les quatre temps pendant l'énonciation des notes *ut, si, ut;* après avoir regardé la position des notes que le moniteur touche sur ses doigts, ils notent sur leurs ardoises *ut*-blanche, parce qu'il a duré deux temps, et *si*-blanche, parce qu'il a duré deux temps; ils tirent ensuite une *barre* de mesure, et posent après cette barre un point pour l'*ut* annoncé par le moniteur comme première note de la deuxième mesure; enfin ils placent le chiffre I sur cette première mesure.)

1re Remarque. Le premier *ut* de cette dictée est celui du milieu de la portée du premier dessus; ainsi le *si* est celui de la troisième ligne, etc.

2e Remarque. Après avoir prononcé la dernière note de sa dictée (sous le signe de la barre), le moniteur touche avec l'index gauche sur les doigts de la main droite, la position des notes *ut si ut;* pour cela il monte la main à la hauteur de son cou et présente le revers de cette main aux élèves, comme cela se fait pour le chant sur la main dans les cercles.

N. B. La dernière note de chaque dictée (celle qu'on prononce au lieu du mot barre), se trouve être la première note de la mesure qui suivra : il a été parlé de cette indication page 3.

Le moniteur : Attention! — Deuxième mesure.

1	2	3	4	1	2	3—4	|
un,	deux,	trois,	quatre ;	*ut,*	*ré,*	*mi,*	*ré.*

N. B. Il touche de suite la position des notes.

(Les élèves opèrent comme pour la dictée de la première mesure, et écrivent après la barre de mesure (en employant le point qu'ils ont placé d'avance à la position de cet *ut*) *ut*-noire, *ré*-noire, *mi*-blanche, *barre* de mesure, plus un point pour le premier *ré* de la troisième mesure; ils posent ensuite le chiffre 2 sur la mesure.)

Le moniteur : Attention! — Troisième mesure.

1	2	3	4	1—2	3	4	|
un,	deux,	trois,	quatre ;	*ré,*	*ut,*	*si,*	*ut.*

Il touche ces notes sur sa main.

(Les élèves notent : *ré*-blanche, *ut*-noire, *si*-noire, *barre*, point pour l'*ut* annoncé ; chiffre 3 sur la mesure.)

Le moniteur : Attention! — Quatrième mesure.

1	2	3	4	1—2	3	4	|
un,	deux,	trois,	quatre ;	*ut,*	un,	deux,	barre.

Il touche *ut*.

(Les élèves notent : *ut*-blanche, *demi-pause*, *barre ;* chiffre 4 sur la mesure.)

Remarque. Quand la dictée est terminée, la correction se fait comme pour la première classe, et la lecture des notes *ut*, *si*, *ut*, *ré*, *mi*, etc., s'exécute sans intonation.

SOLMISATION DE LA DICTÉE.

Cet exercice consiste à faire solfier en mesure les notes de la dictée; cela s'exécute immédiatement après la lecture sans intonation en disant :

Deuxième classe : Attention! — Pour solfier la dictée (vocaliser A).

(Le moniteur vocalise la tonique de la dictée sur A, au coup de baguette les élèves répondent en écho; on bat de suite la mesure d'avertissement et on solfie.)

Avis. 1° Pour l'exécution de plusieurs dictées de la deuxième classe, on se conduit comme pour l'exécution de plusieurs parties de classes différentes. (Voir page 20, Devoirs du moniteur général.) Ces dictées de parties différentes ne doivent se donner, dans le cours des moniteurs, qu'après l'exécution vocale des tableaux d'exercices à plusieurs parties.

2° Les autres dictées, pour les classes III à VIII, se feront en suivant exactement les mêmes procédés de dictée et de lecture rythmique suivie de la solmisation.

Mais les moniteurs de dictée diront : *troisième classe* ou *quatrième classe* selon le numéro d'ordre de leur propre classe, et alors les phrases dictées comprendront des tierces ou des quartes, etc. En outre on distribuera les *modèles de notes à mesurer*, ayant des croches et des noires pointées, aussitôt que la lecture rythmique de ces valeurs aura été commencée sur les tableaux 13 à 19. Mais les dictées avec croches et noires pointées ne commenceront que dans la 2ᵉ-VIII, à partir du tableau 23.

SEPTIÈME EXERCICE.

(Après le tableau 23, et jusqu'à la fin de la 2ᵉ-VIIIᵉ.)

Dictée mesurée et sans intonation de l'intervalle de tierce écrit en mélanges de *blanche, noire, noire pointée*, etc.

N. B. On peut employer pour ces dictées et pour toutes celles de la 2ᵉ-VIIIᵉ des fragments de morceaux à plusieurs parties, tirés des tableaux ou choisis partout ailleurs, pourvu qu'on affecte à chaque division des *secondes, tierces*, etc., les intervalles et les valeurs qui leur sont propres. Pareillement on emploiera des mesures variées au fur et à mesure de l'avancement dans cette 2e-VIIIe; telles sont : le 2 temps après le tabl. 31 ; le 3 et $\frac{3}{4}$ après le tabl. 33 ; $\frac{2}{4}$ après le tabl. 36; $\frac{6}{8}$ après le tabl. 37; clef d'*ut* première ligne (un anneau représentant la clef d'*ut* au doigt du moniteur) après le tabl. 38; les triolets après le tabl. 39. *N. B.* L'indication de l'*armure*, par rapport au *ton* et au *mode*, dépendra de l'avancement dans la lecture des tableaux 24 et 25 dont il est recommandé, sur les tableaux mêmes, de répartir l'étude entre les autres tableaux de la 2e-VIIIe.

Formule de la dictée.

Le moniteur : Attention! troisième classe, portée du premier dessus (majeur de *sol* ou majeur de *fa*, si la clef doit être armée d'un dièse ou d'un bémol). Valeur d'une ronde par mesure.

(Les élèves écrivent : Clef de *sol* deuxième ligne; ils arment la clef, si cela a été indiqué, et ils écrivent un C.)

Le moniteur : Attention! — Première mesure.

1	2	3	4 [1]	1—2	3	4	|
un,	deux,	trois,	quatre;	*ut,*	*mi,*	*ré-mi,*	*ut.*

Il touche immédiatement sur la main droite, et en mesure, les positions des notes qu'il vient de dicter.

(Les élèves imitent les mouvements de la mesure marquée par le moniteur, comme cela a été expliqué, puis ils notent *ut*-blanche, *mi*-noire, *ré-mi*-croches; ils tirent une *barre* de mesure et placent le chiffre 1 sur cette mesure.)

---

(1) Phrase tirée d'un chant de la méthode.

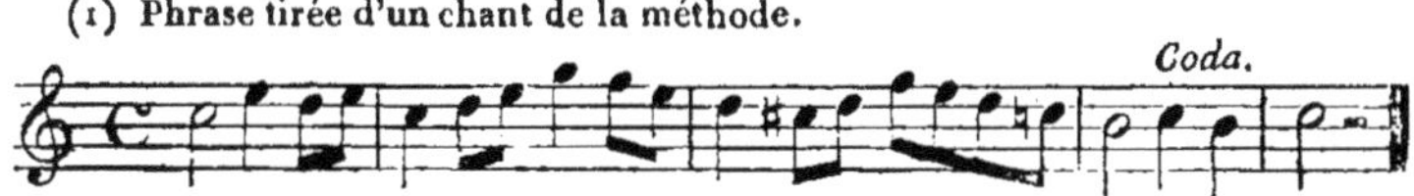

Le moniteur : Attention ! — Deuxième mesure.

1 2 3 4 1 2 3 4 |
un, deux, trois, quatre; *ut, ré-mi, sol, fa-mi, ré.*

Il touche les notes comme pour la première mesure.

(Les élèves écrivent : *ut*-noire, *ré-mi*-croches, *sol*-noire, *fa-mi*-croches, ils tirent une *barre* de mesure et placent le chiffre 2 sur cette colonne.)

Le moniteur : Attention ! -- Troisième mesure.

1 2 3 4 1 2 3 4 |
un, deux, trois, quatre; *ré, ut-ré, fa-mi, ré-ut, si.*

Il touche les notes comme pour la première mesure.

(Les élèves écrivent : *ré*-noire, *ut*-♯-*ré*-croches, *fa-mi-ré-ut*-croches, ils tirent une *barre* de mesure et placent le chiffre 3 sur cette mesure.)

Le moniteur : Attention! — Quatrième mesure.

1 2 3 4 1—2 3 4 |
un, deux, trois, quatre; *si, ut, ré, ut.*

Il touche les notes comme pour la première mesure.

(Les élèves écrivent : *si*-blanche, *ut*-noire, *ré*-noire; ils tirent une barre de mesure et placent le chiffre 4 sur cette mesure.)

1re Remarque. La correction de la dictée se fait comme dans les classes précédentes, et la lecture sans intonation s'exécute ensuite comme sur les tableaux d'étude de la mesure.

2e Remarque. Si la troisième classe est seule, la lecture chantée s'exécute immédiatement après la lecture rythmique ; si la troisième est réunie avec les précédentes, on suit les procédés indiqués dans les *devoirs du moniteur général de chant* (page 20).

N. B. Les indications de notes *syncopées, liées, détachées*, etc., se font dans chaque classe comme cela est indiqué ci-après.

HUITIÈME EXERCICE.

Manière de dicter, sans intonation, les notes liées ou coulées, détachées et syncopées.

1° *Quand les notes sont liées dans la même mesure.*

(Voir le tableau 28.)

Le moniteur, après avoir montré sur la main la position des notes, répète de suite le nom des notes qui sont *liées*, en ajoutant aussitôt le mot *liaison*. Par exemple, il dit : pour quatre notes *liées*, UT, RÉ, MI, FA, *liaison*, c'est-à-dire qu'on doit tracer une liaison de l'UT au FA ; pour trois notes : UT, RÉ, MI, *liaison* ; pour deux notes : UT, RÉ, *liaison*, etc.

2° *Quand les notes sont liées sur le même degré d'une mesure à l'autre, ce qui produit la syncope.*

(Voir le tableau 26.)

Au lieu de nommer dans la dictée la note du premier temps de la mesure qui va suivre, le moniteur frappe ce premier temps sans nommer de note et sans prononcer le mot *barre ;* exemple :

1	2	3	4	1	2	3	4	⌢ |	1
un,	deux,	trois,	quatre ;	*ut,*	*ré,*	*mi,*	*fa,*	⌢	*fa.*

REMARQUE. Si le premier temps de la mesure qui suit celle qu'on vient de dicter avait été un second FA, sans liaison, on aurait prononcé en dictant

1	2	3	4	|
ut,	*ré,*	*mi,*	*fa,*	*fa,*

tandis que, pour indiquer cette liaison on dit, seulement : *ut, ré, mi, fa* en abaissant la main, sans rien prononcer, après avoir nommé le FA premier temps.

3° *Quand les notes portent l'un des trois signes du* STACCATO.

(Voir le tableau 27.)

Après avoir touché sur la main la position des notes, le moniteur répète les noms des notes en ajoutant : *piquées,* pour le *détaché* en points longs; *pointées,* pour le *détaché* en points ronds; *points liés,* pour les points ronds surmontés d'une liaison, dernière indication qui se rencontre rarement; exemples:

Ut, ré, mi, fa, *piquées;*
(Signifie notes détachées en *points longs.*)

Ut, ré, mi, fa, sol, *pointées;*
(Signifie notes détachées en *points ronds.*)

Ut, si, ut, ré, mi, *points liés;*
(Signifie notes détachées en *points ronds* surmontés d'une *liaison.*)

N.B. Les dictées en notes liées et détachées ne peuvent se faire qu'après la lecture vocale des tableaux qui enseignent ces divers genres d'exécution. Pour préparer, au cercle, les élèves à ces dictées, le moniteur prononce les formules de dictées ci-dessus, et achève le simulacre du reste de la dictée.

(Voir, page 38, les exercices de mesure, au cercle, pour préparer à la dictée; cet article en est la suite.)

Avis. Pour la 3e-VIIIe ou deuxième cours, les dictées suivent les mêmes formules que dans la 2e-VIIIe, et elles doivent être pareillement conformes aux divisions, de *tierces, quartes,* etc., et en rapport avec les diverses sortes de mesures pratiquées jusqu'alors [1].

(1) Dès la 2e-VIIIe et à plus forte raison dans la 3e-VIIIe, on doit s'occuper de copies sur papier réglé, dans des cahiers portant le titre de *premier dessus, deuxième dessus, troisième dessus, ténor, basse,* et l'on transcrit sur le cahier de chaque voix, et avec des numéros de rapport, les parties séparées des morceaux choisis pour les diverses solennités, auxquels les élèves du chant peuvent participer. On ne doit pas négliger d'avoir, sur un cahier à part, la *partition* de chaque morceau. C'est ainsi qu'il serait utile de commencer dans chaque école une petite bibliothèque musicale, qui s'accroîtrait heureusement, soit par des dons, soit par des fonds, qu'une souscription très minime alimenterait suffisamment pour fournir à l'entretien et au renouvellement de ce répertoire musical.

(*Note de la première édition.*)

N. B. L'idée principale de cette note est accomplie depuis que chaque année on publie l'*Orphéon* à un prix au-dessous de celui de la copie.

CHAPITRE QUATRIÈME.

PROCÉDÉS RELATIFS A L'EMPLOI DE L'INDICATEUR-VOCAL DANS LES DEUX COURS DE LA MÉTHODE.

AVIS. 1° L'*Indicateur Vocal* (tableau 42) a dû être collé sur bois et préparé pour tout le reste d'après l'*instruction* imprimée sur la bande latérale qui l'accompagne.

2° Le professeur prendra, sans doute, une connaissance préalable et suffisante de la description matérielle de l'*Indicateur-Vocal* et du mécanisme de l'emploi de ses clefs et de ses notes *mobiles*, afin que les leçons de l'Indicateur soient données verbalement plutôt qu'avec le *Guide* en main. Cependant, pour acquérir cette première connaissance du jeu des clefs et des notes mobiles sur l'*Indicateur-Vocal*, il serait très avantageux d'avoir avec soi un ou deux élèves arrivés à ce degré de la méthode; ils serviraient à prouver que, dans les divers usages de l'*Indicateur*, ce qui pourrait paraître obscur ou compliqué à une personne déjà instruite par les longs procédés ordinaires est cependant clair, simple et prompt pour des élèves ignorant jusque là toute espèce de transposition des clefs et tous raisonnements relatifs à la constitution des tons et des modes.

§ 1.

Description de l'*Indicateur-Vocal* muni de ses clefs et de ses notes mobiles.

N. B. Ici, comme sur les tableaux, le texte descriptif est divisé en courts alinéa numérotés, et les procédés de vérification sont placés en petit texte, et entre parenthèses.

1. L'*Indicateur-Vocal* est ainsi nommé parce que, à l'aide

des *clefs* et des *notes mobiles* qui l'accompagnent, on peut y indiquer la portée particulière de chaque voix et y analyser tous les intervalles et toutes les gammes.

2. En tête de l'*Indicateur-Vocal* on a gravé la souche, pour ainsi dire, des 11 lignes de la *portée générale des voix* d'où sont tirées, à droite, les *portées particulières* des voix de *basse*, de *ténor*, de *contralto* et de *dessus*.

(Montrer ces portées en tête de l'*Indicateur-Vocal.*)

3. Sous la collection des portées particulières sont tracées les cinq fortes lignes de la portée de l'*Indicateur-Vocal*, portée qui, au moyen des *clefs mobiles*, deviendra tantôt la portée de la *basse*, et tantôt celles du *ténor*, du *contralto*, ou des *dessus*. — *N. B.* Les clefs mobiles sont placées au repos dans le bas de l'Indicateur.

(Montrer la portée de l'*Indicateur*, les *clefs mobiles* rangées au bas du tableau, et les trous percés en tête des lignes où l'on implante ces clefs pour indiquer la *portée* de telle ou telle voix.)

4. La *portée* de l'*Indicateur* est coupée perpendiculairement par quatre fortes barres qui établissent trois compartiments latéraux. Dans le compartiment du centre (surmonté d'un ♮) on indique les notes dites *naturelles*, soit avec la baguette, ou le doigt, soit en y posant les pions appelés *notes mobiles ;* les notes *bémolisées* s'indiquent ou se posent dans le compartiment de gauche (surmonté d'un ♭), et les notes *diésées* s'indiquent ou se posent dans le compartiment de droite (surmonté d'un ♯).

(Montrer les trois compartiments latéraux de l'*Indicateur*, en disant : compartiment des *notes naturelles*, compartiment *bémolisé*, compartiment *diésé*.)

5. Les notes *mobiles* et *chiffrées* qui servent à composer les gammes sont placées au repos à la suite des clefs mobiles ; plus haut sont les deux *notes blanches* qui servent à analyser les intervalles à partir d'une note quelconque.

(Montrer les notes mobiles et les trous où elles se posent au centre de chaque compartiment.)

6. Sous la portée de l'*Indicateur* (et en rapport avec ses trois compartiments ♭ ♮ ♯) on a gravé la *main chromatique* pour montrer la place où il faudra toucher, sur sa propre main, les notes *naturelles* (au milieu), les notes *bémolisées* (au bout des doigts, et les notes *diésées* (à la naissance des doigts).

(Après avoir montré la main *chromatique* sur le tableau, on fera toucher à chaque élève sa propre main aux trois positions: *naturelle, diésée* et *bémolisée*.)

7. A gauche de la portée de l'*Indicateur* est l'*échelle diatonique* qui, par la distance de ses échelons, marque la succession des secondes (majeures ou mineures) de chaque gamme majeure qu'il faudra composer avec les notes mobiles, à partir d'une position quelconque.

(Montrer l'*échelle diatonique* et faire remarquer que les échelons sont espacés de deux tons, demi-ton, trois tons et demi-ton, comme sur le tableau 7—*A*.)

§ 2.

Procédés de la transposition des *clefs mobiles* sur l'*Indicateur-Vocal.*

8. Quelle que soit la ligne en tête de laquelle on place la *clef d'ut,* cette ligne devient la sixième ligne de la portée générale; on pose la *clef de sol* deux lignes au-dessus et la *clef de fa* deux lignes au-dessous, ce qui donne à l'instant le nom de trois lignes sur cinq.

Exemples.

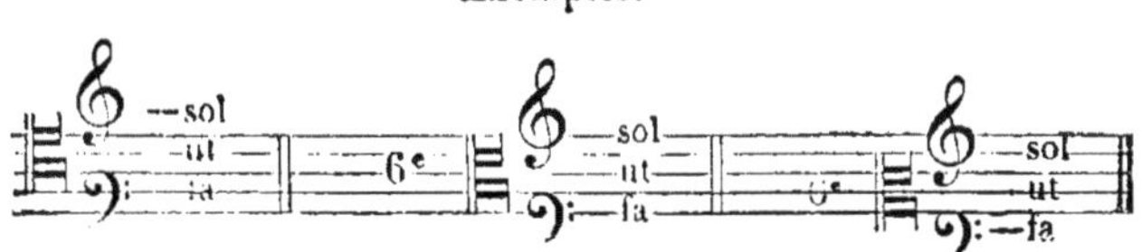

(1° Un élève pose la clef d'*ut* en tête d'une ligne quelconque de l'*Indicateur*, et d'autres élèves posent aussitôt la clef de *fa* deux lignes au-dessous et la clef de *sol* deux lignes au-dessus.

2° Poser la baguette ou le doigt sur chacune des lignes qui portent une clef, et faire donner à cette ligne le nom de la clef.)

9. Entre *ut* et *sol* la ligne est toujours *mi*, comme entre *ut* et *fa* la ligne est toujours *la*.

(Faire poser la clef d'*ut*, et ensuite les deux autres clefs à leur rang respectif, puis, à partir de l'*ut*, nommer les lignes UT–*mi*–*sol*, UT–*la*–*fa*.)

10. Nommez maintenant les deux lignes au-dessus et au-dessous de la *clef d'ut* sans poser les clefs de *fa* et de *sol*.

(1° Poser la seule clef d'*ut* sur une ligne quelconque, et, en partant de cet *ut*, nommer les lignes UT–*mi*–*sol*, UT–*la*–*fa*.)

N. B. A chaque position différente de la clef d'*ut* on demandera quelle est la voix dont la portée est ainsi indiquée. Pour répondre, les élèves chercheront en tête de l'Indicateur le nom de la voix pour laquelle on emploie la même position de clef.

2° Poser la baguette ou le doigt sur une ligne, et changer la position de la clef d'*ut* sans déplacer la baguette ou le doigt, de sorte que la ligne touchée devient *ut*, *mi* ou *sol*, etc., selon que la clef d'*ut* monte ou descende. Exemple n. 1.)

MUTATIONS DE LA CLEF D'UT.

Position fixe de la baguette.

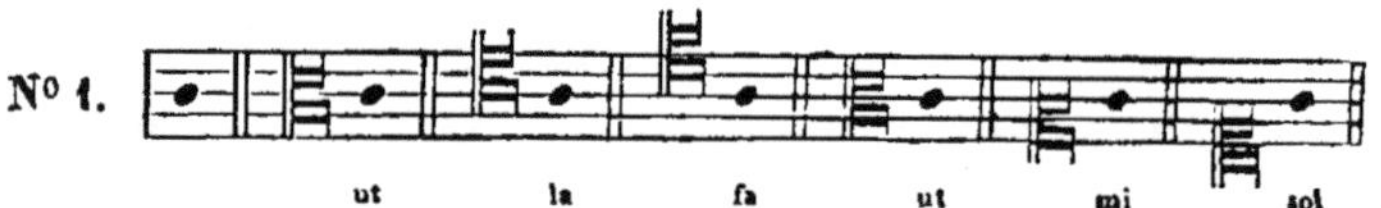

3° Changer à la fois, ou séparement, la clef ou la baguette ou le doigt en faisant toujours nommer les lignes par rapport à leur distance de la clef d'*ut*. Ex. n. 2.)

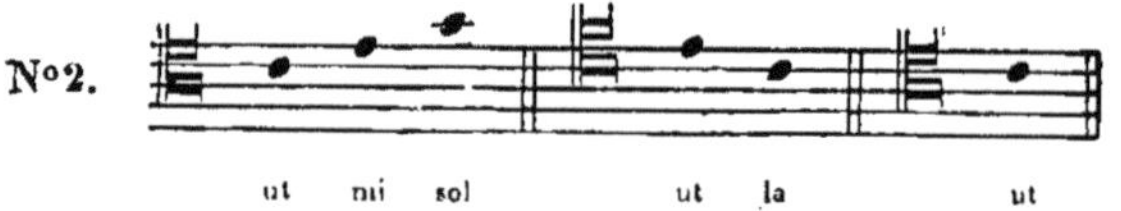

11. Remarque. La sûreté et la facilité des procédés ci-

dessus, pour lire avec la clef d'*ut* quelle que soit sa position, résultent de ce que la clef et les notes environnantes ne forment qu'un même système qui, montant et descendant tout d'une pièce, offre toujours les mêmes noms de lignes et d'interlignes à partir de cette clef d'*ut*.

Dans la 3e-VIIIe (IIe cours), où l'on trouvera des solféges avec changements de clefs, on fera une application suivie de ces procédés et l'on ajoutera celui de la solmisation sur la *main* munie d'un anneau qui, en changeant de doigt, reproduit sur la *main* la mutation de la clef d'*ut* sur la *portée*. (Tableau 61—*B* et 67—*B*, IIe cours.)

§ 3.

Compositions des gammes majeures sur l'*Indicateur-Vocal* à l'aide des notes mobiles de ce tableau.

Avis. Pour composer les gammes sur l'*Indicateur-Vocal*, par les procédés qui vont être décrits, on se sert des *notes mobiles* et *chiffrées* rangées au bas du tableau de l'*Indicateur* dans l'ordre numérique des huit sons de la gamme diatonique : 1, 2 ou 9, 3, IV, V, 6, 7, VIII. Les notes en chiffres romains I, IV, V, VIII marqueront dans chaque gamme les notes appelées *tonales* (tableau 25); quelle que soit la position prise pour *tonique* (premier et dernier son de la gamme) I et VIII représenteront cette tonique; 2—9, sera la deuxième ou la neuvième note; 3, la troisième note; IV, la quatrième note, etc.

Pour analyser les diverses espèces de *secondes*, de *tierces*, de *quartes*, etc., on emploie les deux *notes blanches*, ainsi que cela est recommandé sur le premier tableau de la 3e-VIIIe (deuxième cours).

(1° Placer devant les élèves l'*Indicateur-Vocal* muni de ses clefs et de ses notes au repos; 2° poser la clef de *sol* sur la deuxième ligne; 3° employer scrupuleusement les signes manuels pour marquer ostensiblement l'espèce de la *seconde* (majeure ou mineure) qui sépare chaque note de celle qui la suit immédiatement dans le mode majeur de la gamme diatonique.)

1° Gamme d'*ut*, mode majeur.

Le moniteur présente la note I en disant : Posez *ut* tonique et composez la gamme diatonique dans le mode majeur.

(Le premier élève posera 1 sur la ligne de l'*ut* grave des dessus, puis chaque élève à son tour, prenant pour modèle les intervalles et la formule de l'échelle diatonique (à gauche de l'indicateur) opérera comme il va être décrit en faisant les *signes manuels* qui lui sont déjà familiers pour indiquer la seconde majeure (——) ou la seconde mineure (__ ↗).

Premier élève : I-2, seconde majeure, la seconde majeure d'*ut* est *ré* (il place 2 à la position *ré*). — L'élève suivant : 2-3, seconde majeure, la seconde majeure de *ré* est *mi* (il place 3 à la position *mi*). Suivant : 3-IV, seconde mineure, la seconde mineure de *mi* est *fa* (il place IV à la position *fa*). — Suivant : IV-V, seconde majeure, la seconde majeure de *fa* est *sol* (il place V à la position *sol*). — Suivant : V-6, seconde majeure, la seconde majeure de *sol* est *la* (il place 6 à la position *la*). — Suivant : 6-7, seconde majeure, la seconde majeure de *la* est *si* (il place 7 à la position *si*). — Suivant : 7-VIII, seconde mineure, la seconde mineure de *si* est *ut* (il place VIII à la position *ut*).

(*N.B.* Chaque fois qu'une gamme aura été ainsi composée sur l'*Indicateur*, on la fera solfier d'abord en chiffres 1-2-3-IV, etc., puis en notes, mais en touchant du doigt les *pions chiffrés* qui, d'après la gamme composée, seront nommés tantôt *ut-ré-mi-fa*, etc., tantôt *ré-mi-fa ♯-sol*, etc. Il est entendu qu'après la composition et la double solmisation on fera mettre les notes au repos dans le bas du tableau de l'*Indicateur*.)

Gamme de *sol*, mode majeur.

La note I étant placée à la position *sol* comme tonique, le premier élève dira : 1 - 2, seconde majeure, la seconde majeure de *sol* est *la* (il place 2 à la position *la*). — Suivant : 2 - 3, seconde majeure, la seconde majeure de *la* est *si* (il place 3 à la position *si*). — Suivant : 3 - IV, seconde mineure, la seconde mineure de *si* est *ut* (il place IV à la position *ut*). — suivant : IV - V, seconde majeure, la seconde majeure d'*ut* est *ré* (il place V à la position *ré*). — Suivant : V - 6, seconde majeure, la seconde majeure de *ré* est *mi* (il place 6 à la position *mi*). — Suivant : 6 - 7, seconde majeure, la seconde majeure de *mi* est *fa* ♯ (il place 7 à la position *fa* ♯, compartiment diésé). — Suivant : 7 - VIII, seconde mineure, la seconde mineure de *fa* ♯ est *sol* (il place VIII à la position *sol* ♮, compartiment du milieu).

3° Gamme de *ré*, mode majeur.

La note I étant placée à la position *ré*, le premier élève dit : I - 2, seconde majeure, la seconde majeure de *ré* est *mi* (il place 2 à la position *mi*). — Suivant : 2 - 3, seconde majeure, la seconde majeure de *mi* est *fa* ♯ (il place 3 à la position *fa* ♯). — Suivant : 3 - IV, seconde mineure, la seconde mineure de *fa* ♯ est *sol* ♮ (il place 5 à la position *sol* ♮). — Suivant : IV - V, seconde majeure, la seconde majeure de *sol* est *la*, etc.

(*N. B.* On fera bien remarquer que toujours le dernier dièse amené est la septième, ou note sensible de la gamme.)

4° Gamme de *la*, mode majeur.

Comme précédemment, l'élève arrivé à 2 - 3, seconde majeure, place 3 à la position *ut* ♯; à V - 6 on place 6 à la position *fa* ♯; à 6 - 7 on place 7 à la position *sol* ♯, puisque la seconde majeure de *fa* ♯ est *sol* ♯; VIII se place à la position *la* ♮; et ainsi de même pour toutes les gammes avec dièses.

(*N. B.* Après la lecture du tableau 25-*A*, on placera la note 7 à une position diésée quelconque, et l'on fera poser, à distance de seconde mineure, la note VIII comme *tonique*. Réciproquement on placera VIII, et l'on fera poser 7 comme étant le dernier dièse de l'armure; puis, pour avoir la totalité des dièses de cette armure on fera nommer les dièses depuis le premier (*fa-ut-sol*, etc.) jusqu'à cette septième note.)

5° Gammes majeures qui amènent des bémols à l'armure.

Pour les gammes qui amènent des notes bémolisées les procédés et les résultats sont semblables aux précédents. En *fa majeur :* l'élève arrivé à 3—IV, seconde mineure, place IV à la position *si* ♭, puisque *la-si* ♮ serait une seconde majeure:

En mi ♭ *majeur, mi* ♭ étant I, 2 est *fa* ♮, puisque la seconde majeure de *mi* ♭ est *fa* ♮, 3 est *sol,* IV est *la* ♭, etc.

(*N. B.* 1° Au fur et à mesure de la composition des gammes bémolisées on fera remarquer que le bémol trouvé en plus est pour la quatrième note du ton. 2° Après la lecture du tableau 25-*A*, on placera IV à une position bémolisée quelconque et on fera poser VIII, comme tonique, à la quinte supérieure, et 1 à la quarte inférieure (même nom que VIII); réciproquement on placera VIII et 1, et on fera poser IV qui sera à la quinte inférieure de VIII et à la quarte supérieure de 1. Puis, on fera nommer tous les bémols de l'armure (*si-mi-la*, etc.) jusqu'à IV, qui est le dernier bémol.)

1re Remarque. Aussitôt qu'une *note chiffrée* est posée, le moniteur peut demander à l'élève suivant: Est-ce bien?—Si cet élève répond *non,* on ajoute: *Corrigez;* et il doit mieux placer la note qu'il croit mal posée, comme serait *ut* après *si* pour les chiffres 6 - 7, puisqu'il faut un ton de 6 à 7 et qu'il n'y a qu'un demi-ton de *si* à *ut;* c'était donc *si-ut* ♯ qu'il fallait. — Si le correcteur lui-même se trompe, on interroge le voisin et les élèves suivants jusqu'à ce que la note ait ete placée à la position commandée par son chiffre.

Remarque 2. La principale utilité des signes manuels. pour la composition des gammes, est de bien faire comprendre aux élèves, d'abord la nécessité de la correction et ensuite son exactitude quand elle est bien faite. *Exemples:* Si dans la gamme de *fa* majeur l'élève pose IV au *si* ♮, on lui dit: Faites encore le signe 3-IV (il fait 3-IV, seconde mineure). Faites maintenant le signe des notes posées *la si* ♮ (il fait *la-si*, seconde majeure). Donc, ajoute-t-on, pour avoir la seconde mineure indiquée par 3-IV, quand le 3 est *la*, il faut baisser le *si*, c'est *si* ♭.—Si, dans la gamme de *ré*, l'élève avait posé 3 au *fa* ♮, on lui dirait: Faites le signe 2-3 (il ferait 2-3, seconde majeure). Faites maintenant le signe des notes mal posées *mi-fa* (il ferait *mi-fa*, seconde mineure). Donc, dirait-on, pour avoir la seconde majeure indiquée par 2-3, 2 étant *mi*, il faut élever le *fa*, c'est *fa* ♯.

§4.

Procédé de la pose des trois *notes tonales*, et de leurs notes harmoniques, pour composer les gammes avec des dièses et des bémols dans le mode majeur.

(D'après le tableau 25-*A*, 1er Cours, et le premier tableau d'appendice du IIe Cours.)

1° Rappeler que les *harmoniques* d'une note sont sa tierce majeure et sa quinte juste; que les trois seules notes *ut-fa-sol* (noms des clefs) ont leur tierce majeure en notes naturelles; que les notes à distance de quinte juste sont toutes les deux naturelles, ou diésées ou bémolisées, excepté pour la quinte de *si* (*si* ♮ -*fa* ♯ ou *si* ♭ -*fa* ♮.)

2° Opérer la pose successive des trois notes tonales et de

leurs harmoniques en qualifiant chaque intervalle, comme seraient en *ré :* I-3-V (*ré-fa* ♯ - *la*) tierce majeure et quinte juste ; IV-6-VIII, (*sol-si-ré*) tierce majeure et quinte juste ; V-7-9 (*la ut* ♯ - *mi*) tierce majeure et quinte juste. — La neuvième note transposée au grave devient la deuxième, et l'on a obtenu ainsi la gamme diatonique

I- 2 - 3 - IV- V - 6 - 7 - VIII,
ré - mi - fa ♯ - *sol - la - si - ut* ♯ - *ré.*

On fera solfier chaque gamme aussitôt qu'elle aura été posee.

N. B. Par ce dernier procédé de la composition des gammes majeures, on decouvre plus logiquement la necessité des dièses et des bémols *constitutifs* que par la pure imitation mecanique des intervalles de l'échelle diatonique majeure ; et, en même temps, on est parfaitement préparé à la différence des deux *modes,* qui consiste dans la différence des *tierces tonales.*

§ 5.

Changement d'armure en changeant de mode.

(D'après les notions du tableau 28-*A*, sur le mode mineur

1. Règle. Dans tous les *tons,* les tierces tonales *majeures* fournissent l'armure du *mode majeur ;* et les tierces *mineures* fournissent l'armure du *mode mineur.*

2. Établissez l'armure de *mi*, mode majeur.

(Faire poser successivement : 1° La *tonique* I et ses harmoniques (*mi, sol* ♯, *si*); 2° La *sous-dominante* IV et ses harmoniques (*la, ut* ♯, *mi*); 3° La *dominante* V et ses harmoniques (*si, ré* ♯, *fa* ♯), neuvième note que l'on transporte à son octave inférieure comme deuxième note.)

3. Changez l'armure de *mi majeur* en celle de *mi mineur.*

(Rendre les tierces tonales *mineures* en changeant les notes 3-6-7 de compartiment, ce qui amène *sol* ♮ au lieu de *sol* ♯, *ut* ♮ au lieu d'*ut* ♯, et *ré* ♮ au lieu de *ré* ♯. Il ne reste par conséquent que le *fa* ♯ pour l'armure de *mi mineur.*)

4. Etablissez l'armure de *sol mineur.*

(Faire poser successivement chaque note tonale avec sa *tierce mineure*, et quinte juste, au lieu de sa *tierce majeure* et quinte juste, en disant : posez la *tonique* I (*sol*) et son accord *mineur* (l'élève pose SOL-*si*♭-*ré*); posez la *sous-dominante* IV (*ut*) et son accord *mineur* (l'élève pose UT-*mi*♭-*sol*); posez la *dominante* V et son accord *mineur* (l'élève pose RÉ-*fa* et LA qu'il transporte à l'octave inférieure comme deuxième note. Il y a, par conséquent, deux bémols (*si* - *mi*) dans le compartiment bémolisé pour l'armure en *sol-mineur.*)

5. Changez l'armure de *sol mineur* en celle de *sol majeur.*

(Rendre les trois tierces tonales *majeures*, en changeant de compartiment les notes 3-6-7, ce qui donne *si* ♮ au lieu de *si*♭, *mi* ♮ au lieu de *mi*♭, et *fa* ♯ au lieu de *fa* ♮. On retrouve par conséquent le seul dièse (*fa*) qui, comme on le sait, est à l'armure du *ton* de *sol majeur.*

N.B. Quels que soient le *ton* et le *mode* que l'on veuille établir, et quelque changement de mode que l'on veuille opérer, les procédés seront les mêmes.)

§ 6.

Identité de l'armure des modes relatifs.

(D'après les notions du tableau 25-*B*, sur les modes relatifs.)

1. Établissez d'abord l'armure de *la majeur* et changez-la ensuite en celle de *la mineur* par l'abaissement des trois notes 3-6-7.

(Procédés décrits ci-dessus.)

2. Il y a eu trois dièses en *la majeur;* il ne reste rien à l'armure pour *la mineur;* quel est le *ton, mode majeur,* dont l'armure est semblable? (Réponse : *ut majeur.*)

3. Établissez d'abord l'armure de *mi majeur* et changez-la ensuite en celle de *mi mineur* par l'abaissement des trois notes 3-6-7.

(Procédés décrits précédemment.)

4. Il y a eu quatre dièses en *mi majeur;* il ne reste qu'un dièse en *mi mineur;* quel est le mode majeur dont l'armure est semblable? (Réponse : *sol majeur.*)

(Faire encore établir l'armure de *si majeur* (*fa* ♯, *ut* ♯, *sol* ♯, *ré* ♯, *la* ♯), la changer en celle de *si mineur* (*fa* ♯, *ut* ♯), et demander quel est le mode majeur qui a la même armure, etc.)

Avis. Pour exercer à bien saisir le rapport de *tierce mineure* qui existe entre les deux toniques de *modes relatifs*, on placera une *note blanche* comme tonique quelconque d'un mode majeur, et l'élève interrogé posera la tonique du mode relatif une tierce mineure au-dessous. Réciproquement on placera une *note blanche* comme tonique de mode mineur et l'élève posera une tierce mineure au-dessus de la tonique du relatif majeur.

§ 7.

Transformation des armures diésées en armures bémolisées, et réciproquement. — Total de douze signes pour les armures de tons enharmoniques.

(D'après les notions du tableau 25-*B*, Ier Cours, et du tableau 67-*A*, IIe Cours.)

1. Posez les notes *tonales* et leurs harmoniques dans le mode majeur d'*ut* ♯ et comptez les dièses de l'armure.

(Les sept notes diésées de la gamme d'*ut* ♯ seront dans le compartiment diésé.)

2. Substituez d'abord à *ut* ♯ la tonique enharmonique *ré* ♭: faites ensuite la même substitution enharmonique pour toutes les autres notes de la gamme d'*ut* ♯ en celles de la gamme de *ré* ♭ et comptez les bémols de l'armure.

(Ces substitutions enharmoniques produiront: *ré* ♭ pour *ut* ♯, *mi* ♭ pour *ré* ♯ *fa* ♮ pour *mi* ♯, *la* ♭ pour *sol* ♯, *si* ♭ pour *la* ♯, *ut* ♮ pour *si* ♯.)

3. Les sept dièses de l'armure précédente pour *ut* ♯ *majeur* et les cinq bémols de l'armure actuelle pour *ré* ♭ *majeur* forment le total des douze signes donnés par les armures des tons et des modes *enharmoniques*.

N. B. Toute autre substitution *enharmonique* pourra se faire sur l'*Indicateur-Vocal* en employant la même formule et les mêmes procédés.

CHAPITRE CINQUIÈME.

DIRECTION DE LA MÉTHODE HORS D'UNE ÉCOLE D'ENSEIGNEMENT MUTUEL.

§ I.

Instructions préliminaires.

La différence du matériel, par rapport aux tables surtout, et la suppression de la marche qui se fait en chantant pour passer de l'écriture musicale à la lecture, sont les plus notables changements que doive subir l'emploi de la méthode hors d'une école.

Dans plusieurs institutions, le réfectoire étant la salle la plus grande, c'est là que se passe la leçon générale de chant. Dans ce cas les tableaux s'appliquent au mur, comme dans une école; ou bien, au moyen des bancs mêmes de ce réfectoire, ou de tabourets, ou de petits pupitres volants, placés momentanément sur les tables, les groupes se forment en demi-cercle devant les tableaux posés sur la table et appuyés contre ces bancs, ces tabourets, ou ces pupitres.

Si la leçon a lieu dans une salle d'étude, on peut encore faire le même usage des bancs sur tables ou placer les tableaux au mur; enfin, il suffit que l'on sache ici qu'on doit tirer parti de la localité quelconque et que les produits de la méthode ne tiennent pas au matériel de son emploi dans une école.

Une disposition excellente et la meilleure de toutes, y compris celle des écoles. c'est de se placer dans une salle libre et suffisamment grande pour y poser des porte-tableaux ou des pupitres à une seule face (comme ceux des orchestres) et de les disposer en fer à cheval autour du professeur comme il suit.

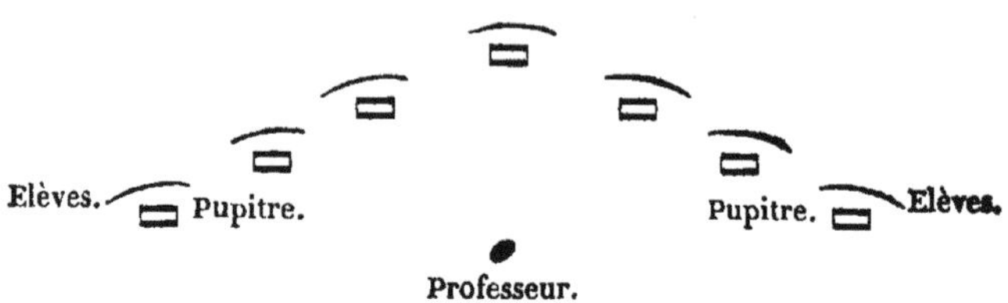

Chaque tableau est suspendu à un porte-tableau; par cette heureuse disposition tous les élèves sont sous les yeux du maître et toutes les voix ont une même direction, du tour de la classe vers le centre. La surveillance est extrêmement facile, soit pour les chants successifs, soit pour les chants simultanés, soit enfin pour la simple police pendant les lectures purement littérales ou rythmiques. Selon le besoin, le professeur fait sa ronde excentrique ou concentrique, et il peut d'ailleurs alterner ces deux positions avec le moniteur général. (On peut aussi obtenir à volonté la disposition ordinaire des figures vers le mur, en plaçant les élèves de l'autre côté du porte-tableau, et par conséquent ayant le dos vers le centre du fer à cheval.) Chaque pupitre ou chaque porte-tableau doit porter un numéro d'ordre aux deux côtés opposés.

Si on veut que tous les exercices de la méthode se fassent dans cette disposition, les élèves doivent être assis sur des tabourets formant demi-cercle autour de chaque porte-tableau. Pour l'écriture, les ardoises sont distribuées sur place, et l'on écrit sur les genoux ; la dictée se fait par chaque moniteur rentré vers l'intérieur du fer à cheval et tournant presque le dos au professeur qui peut ainsi surveiller très-facilement l'exactitude des dictées ; puis les dictées se lisent et se solfient à *l'unisson* ou en *parties* selon les procédés de l'écriture musicale (page 36 à 56). Après la période de l'écriture les ardoises sont enlevées avec ordre et remises dans les boites [1].

N. B. 1° Les dictées qui ne sont guère que de 8 à 12 mesures peuvent également s'écrire au crayon sur des cahiers de papier réglés portant le nom de chaque élève. 2° Même facilité de la substitution du papier réglé aux ardoises pour les cas précédents où les élèves écrivent appuyés sur les tables qui servent ou serviront de supports aux bancs, pupitres ou tabourets.

§ 2.

Correspondance des alinéas du chapitre actuel avec ceux de la première partie du Guide.

D'après la connaissance que MM. les chefs d'institution auront pu prendre des moyens et des procédés de la méthode (page 1 à 42), on peut insister auprès d'eux pour obtenir le plus grand nombre possible d'élèves, afin de jouir pleinement des avantages particuliers de la méthode pour une application générale.

N. B. Il convient de lire sans interruption chaque alinéa portant un même chiffre dans la première partie du *Guide* (page 1 à 42) et dans le présent chapitre.

(1) A l'époque de la formation des premiers moniteurs de chant de l'école-modèle de la rue Saint-Jean-de-Beauvais, on a eu des boites pouvant contenir chacune dix ardoises, placées perpendiculairement sur champ et séparées l'une de l'autre par une petite tringle de bois, qui empêche leur frottement; ces boites étaient ouvertes et rangées en lignes sur la table du sable. Avant l'école de chant et au moment de la commencer, les élèves venaient en ordre prendre chacun une ardoise, qu'ils portaient ainsi dans les bancs d'écriture, desquels on avait retiré les ardoises ordinaires. Après l'écriture musicale, les ardoises réglées étaient rapportées dans leurs boites, et on faisait remettre les autres à leur place par des moniteurs de service. Ce procédé, ou tout autre analogue, peut donc être employé avec un certain nombre d'élèves, et il sera toujours utile d'avoir quelques ardoises réglées pour la musique.

Alinéas 1, 2 et 3. Rien à ajouter ici.

4. Mêmes soins à prendre à l'égard des élèves qui seront choisis, présentés ou donnés pour être les premiers instruits et devenir moniteurs (de l'un ou l'autre sexe). Si le nombre des élèves, sans qu'on puisse les choisir, est de 7 à 9, il est évident qu'on doit les accepter dès la première fois. Ce groupe se fractionnera bientôt de lui-même par la différence des âges et par le plus ou le moins d'aptitude des sujets.

5. Mêmes procédés.

6. Rien à ajouter.

7. Sans application ici.

8 et 9. Rien à ajouter.

10. Même application, sauf ce qui est relatif aux chants sur place ou autour de la salle, parce que cette portion des exercices doit dépendre ici de l'âge et du sexe des élèves, et aussi de la convenance du local.

11. Rien à ajouter.

12. Sans application ici.

13 et 14. Rien à ajouter.

15. Application utile, mais qui dépend de la localité. Si on a les porte-tableaux ou les pupitres indiqués dans le présent chapitre, on y placera les numéros d'ordre des groupes.

16. Même application, selon le nombre des cercles ou la probabilité de leur accroissement successif.

17. Rien à ajouter.

18. Hors d'une école, le service du moniteur général ne peut être ni si étendu ni surtout si absolu; mais au moins, il faut toujours, sous le nom de *moniteur de service*, qu'il y ait quelqu'un chargé de poser et d'enlever les tableaux, etc. Le chapitre des devoirs du *moniteur général de chant* (page 19 à 30) sera donc modifié dans les détails qui tiennent aux dispositions de la localité des écoles et aussi dans sa rigidité de service selon les convenances et les égards de personnes, d'âge et de lieu. — Un excellent ressort pour l'émulation et la dis-

cipline, hors d'une école, c'est la tenue exacte, et séance par séance, d'un cahier de *bons points* à inscrire sur la ligne du nom de chaque élève.

19. Sans application ici.

20 et 21. Sauf la première période (écriture) qui peut être placée à des jours alternatifs ou à distance de un jour sur trois, et sauf encore la marche qui la suit et qui est généralement supprimée dans les institutions, l'emploi du temps doit être absolument conservé pour les 2e, 3e et 4e périodes, en s'y conformant aux indications subséquentes de la première partie du *Guide* et aux détails principaux du chapitre du *moniteur général de chant;* au reste, la plupart du temps, dans le cas actuel, c'est le professeur lui-même qui fait le service de ce moniteur général.

22. Rien à ajouter.

23 et 24. Même application, à moins que le professeur ne puisse donner, en dehors de l'heure de la leçon, une demi-heure de classe particulière aux élèves qui alors feraient habituellement le service de moniteur de groupe pendant la leçon générale. — Dans le cas d'une classe particulière de musique, dirigée d'après la méthode, on emploie le même moyen de concessions réciproques, ou, d'autres fois, on prend quelques arrangements personnels et de convenance.

25. Dans les institutions, dans les externats, ou dans les cours de musique, il est presque indispensable de fixer des époques d'admission, telles que le 1er ou le 15 de chaque mois, afin d'obtenir des entrées de petits groupes plutôt que des présentations de personnes isolées. Au reste, cette restriction aux admissions ne saurait être un objet de blâme contre la méthode, car c'est encore elle qui, à la rigueur, offre le plus facilement au premier venu un degré quelconque voisin de son savoir préalable ou de son ignorance ; l'admission par mois, ou par quinzaine au plus tôt, est utile dans l'intérêt général et dans celui de la police de la classe.

26, 27, 28 29 et 30. Rien à ajouter.

N. B. Les modifications à apporter dans l'application du chapitre des *devoirs du moniteur général de chant* ont été indiquées ci-dessus ; le chapitre du chant par *écho* et celui de l'*écriture musicale* peuvent subir quelques modifications par rapport aux différences de localité, d'âge et de sexe ; mais les applications ou chapitre IV (Indicateur-Vocal) doivent rester les mêmes partout.

AVIS ESSENTIEL.

Si l'on ne se trouve pas en position de jouir de l'avantage spécial et distinctif de la méthode, celui de l'ensemble des divers degrés de l'enseignement rythmique et vocal dans un même temps et dans un même lieu, *les tableaux, étudiés séparément (et sans le travail simultané des uns avec les autres) offrent encore pour tous les modes d'enseignement une suite de leçons graduées avec soin, pour la* LECTURE MUSICALE, *le* CHANT ÉLÉMENTAIRE *et l'*EXÉCUTION VOCALE.

FIN DU GUIDE DE LA METHODE

COMPLÉMENT DU GUIDE.

Ce Complément du *Guide* offre, pour ainsi dire, la philosophie de la méthode : c'est une sorte de compte rendu des motifs qui ont amené l'auteur à adopter telle forme de rédaction et à créer ou à employer telle espèce de procédés. Cependant, outre ces considérations théoriques, il renferme encore quelques enseignements pratiques qui, faute d'espace, n'ont pas pu être consignés sur les tableaux auxquels ils se rapportent.

REMARQUES
SUR LA COMPOSITION DES TABLEAUX
ET
SUR QUELQUES PROCÉDÉS DE LA MÉTHODE.

§ 1.

Ier COURS. — TABLEAUX 1 A 42.

TABLEAU 1. — (1re Classe.)

NOTIONS RELATIVES A L'INTONATION.

Escalier-Vocal. — Gamme diatonique solfiée, vocalisée et chantée. — Signes manuels du ton et du demi-ton.

Remarque 1. L'*Escalier-Vocal* a été employé dans la méthode pour rendre sensible à la vue quelques notions abstraites des premiers éléments de la musique, telles que les cinq tons et les deux demi-tons de la gamme diatonique ; les douze demi-tons de la gamme chromatique ; les expressions de *degrés conjoints* (ceux qui se touchent immédiatement), et de *degrés disjoints* (ceux qui sont séparés par un ou plusieurs degrés intermédiaires, comme *do-mi*, séparés par *ré*). Les *signes manuels* ont été imaginés pour rappeler par un signe ostensible la place fixe des deux demi-tons diatoniques *mi-fa*, *si-ut* ou 3-4, 7-8.

Remarque 2. Excepté dans le cours particulier des moniteurs-chefs, les exercices de solmisation du tableau 1 n'ont lieu qu'*au tour de chant* du groupe et ensuite pendant les chants généraux mentionnés page 24. En attendant on lit le texte, on effectue les *signes manuels* du ton et du demi-ton en suivant de l'œil les degrés de l'*Escalier-Vocal* ; on demande pourquoi la main *ouverte* en solfiant *do-ré* ou *ré-mi*, pourquoi la main *fermée* en solfiant *mi-fa* ou *si-do*. De cette manière tous les élèves connaissent la signification des *signes manuels*, ce qui est fort important pour la composition subséquente des gammes sur la *main* et sur l'*Indicateur-Vocal*.

Remarque 3. Les notions contenues dans le *tableau* 1 doivent être apprises textuellement; cependant après la *troisième lecture* (avis imprimé sur le tableau 1) on peut passer au *tableau* 2 pour revenir ensuite à ce tableau 1 avant de prendre le tableau 3.

Avis. En général, après l'étude d'un tableau on fera lire attentivement les titres afin de résumer dans l'esprit des élèves les notions qu'il contient. On ne négligera pas non plus, à chaque nouveau tableau, de faire reconnaître aux élèves le numéro d'ordre de leur classe en y rattachant l'idée de l'intervalle spécial qu'on y étudie, comme tableau 8, IIe classe, intervalle de *seconde*; tableau 10, IIIe classe, intervalle de *tierce*, etc.

TABLEAU 2. — (Ire Classe.)

NOTIONS RELATIVES A LA DURÉE.

1. Figures des notes et des silences. — 2. Appellation des figures de notes et de silences.

Point de remarque.

(Voir le premier exercice d'écriture musicale, page 42.)

TABLEAU 3-*A*. — (Ire Classe.)

Grande portée de onze lignes. — Petites portées de cinq lignes. — Diapason des voix. — Les trois clefs.

Remarque 1. Nous avons cru important de donner de prime abord une idée exacte et sensible de la position relative des trois clefs, et de l'étendue vocale du diapason des quatre voix principales, parce qu'il est souvent question de ces clefs et de ces voix à propos des chants à plusieurs *parties* auxquels les élèves de la méthode sont appelés à prendre part.

Remarque 2. Pour le cours des moniteurs et pour d'autres cas particuliers, voici l'indication d'un exercice vocal propre à rendre facilement appréciable la différence d'octave qui existe entre les sons graves de la voix de femme ou d'enfant et ceux de la voix d'homme.

(1° Tracer cet exemple à la craie sur un tableau noir.
2° Suivre avec une baguette les notes dont il sera question dans l'expérience.)

Voix de femme ou d'enfant.

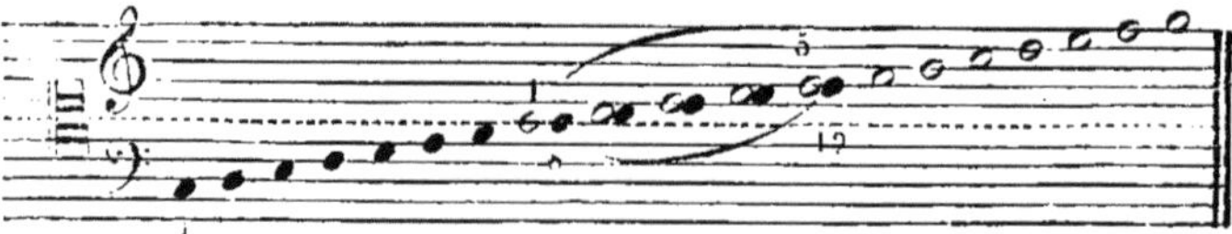

Voix d'homme (ténor).

Procédés de l'expérience : 1° le dessus solfie seul plusieurs fois, en montant et en descendant, et lentement, les cinq notes *graves* de sa voix (notes en *o* de 1 à 5).

2° Le ténor solfie seul, plusieurs fois, en montant et en descendant, les cinq notes *aiguës* de sa voix (notes en • de 8 à 12).

3° Le ténor et le dessus exécutent simultanément les deux exercices qu'ils viennent de faire séparément, et, si le ténor adoucit sa voix, on entend déjà que les deux voix sont à l'unisson.

4° Le ténor solfie encore seul ces mêmes notes 8 à 12, et revenu à 8 il continue à descendre de 8 à 1, et répète plusieurs fois, au grave, *ut, ré, mi, fa, sol, fa, mi, ré, ut,* etc.

5° Le ténor et le dessus solfient simultanément et plusieurs fois les 5 notes graves de leurs voix, *ut, ré, mi, fa, sol, fa, mi, ré, ut.*

6° Le dessus solfie de nouveau et plusieurs fois les cinq notes graves de sa voix, et le ténor en même temps solfie tantôt à l'aigu et tantôt au grave de la sienne ; alors on entend d'une manière fort sensible que les sons aigus du ténor se confondent avec les sons graves du dessus, tandis qu'ils sont distinctement à l'octave lorsque les deux voix solfient également au grave de leur diapason.

7° Enfin, et pour compléter l'expérience, le dessus commence la gamme à sa note 1 et il la poursuit facilement jusqu'à son *sol* aigu, tandis que le ténor, qui a commencé à sa note 8 (unisson de la note 1 du dessus), ne peut plus monter passé sa douzième ou treizième note. Pareillement, si le dessus commence à son *ut* grave 1 (unisson de l'*ut* aigu 8 du ténor), tandis que le ténor continue à descendre jusqu'à son *ut* grave, le dessus est obligé de cesser après avoir descendu deux ou trois notes à l'unisson du ténor.

TABLEAU 3-*B*. (Ire Classe.)

1. Mains musicales par B. Wilhem.—Noms des cinq doigts et des cinq lignes avec clef de *Sol*.

REMARQUE 1. Puisque le moniteur dit : *Regardez l'intérieur de votre main droite,* il est entendu que ce moniteur doit toucher de manière à ne montrer aux élèves que le revers de sa propre main comme on le voit par la gravure du titre de la méthode.

REMARQUE 2. L'exercice préparatoire du chant sur la main est l'un des plus importants de la méthode ; en voici les principaux avantages. 1° Chaque élève, en solfiant, touche sur ses doigts la position qu'il voit toucher par le moniteur, et, de cette manière, la *vue,* le *toucher,* l'*oreille* et la voix concourent à un résultat actuel, l'émission d'une succession de sons, et à un résultat prochain, la mémoire locale des mêmes rapports de sons quand les mêmes doigts sont touchés de nouveau. 2° Sous le rapport de l'enseignement et de l'ordre, voici ce qui en résulte : le moniteur regardant ses élèves quand il fait solfier, il est, par rapport à eux, dans une position favorable pour commander le chant collectif ou individuel et pour éprouver la justesse et la promptitude d'intonation de chacun en faisant passer rapidement le chant de l'un à l'autre élève.

Remarque 3. Il est bien entendu qu'en faisant apprendre aux élèves les noms de doigts et de lignes (mi-sol-si-ré-fa), on ne solfie pas ces notes. Jusqu'au tableau 8, la solmisation indiquée et recommandée est seulement diatonique, elle marche ensuite par degrés disjoints au fur et à mesure que l'on avance dans les classes III à VII (tableau 8 à 22).

Remarque 4. J.-J. Rousseau attribue à Guido d'Arezzo (XIe siècle) l'invention de la *main harmonique ;* mais, au rapport du prince-abbé Gerber et d'après nos propres recherches, il paraît que les deux principaux auteurs où il est question de la *main,* pour expliquer et pratiquer le système de Guido, sont : Elie Salomon qui florissait et 1274, et Engelbert qui mourut en 1331. Avant eux, le système de Guido portait l'épithète de *monochorde.*

La *main harmonique* et ses usages sont parfaitement décrits dans le premier des traités de *J. Teinturier,* dit *Tinctor* de son nom latinisé (1470). Dans ce traité, composé de neuf chapitres, l'auteur montre d'abord les *places,* lieux où les sons étaient fixés sur la main, puis il explique les *propriétés,* les *déductions,* les *nuances* et les *conjonctions* [1].

(Voir ces mots, et l'article *main harmonique,* dans le *Dictionnaire de Musique* de M. Castil-Blaze.)

Pour faire comprendre l'importance des études de la *main harmonique,* Tinctor s'exprime ainsi, en terminant son traité : « Cette exposition de la main « suffit aux jeunes gens, et je les exhorte à l'étudier comme étant la base de la « musique ; car de même que la saine raison nous enseigne que l'on ne peut bâ« tir là où manquent les fondations, de même, sans la parfaite connaissance de « la main, on ne peut devenir un habile musicien. »

Cette théorie et cette pratique de la *main harmonique,* si vivement recommandées par Tinctor, sont aujourd'hui fort utiles ; cependant, à cause des *mains musicales* proposées dans la méthode actuelle, il peut encore être curieux de voir dans quel ordre on touchait les notes sur la main ancienne.

(1) Le seul exemplaire qu'on connaisse des traités manuscrits de Tinctor appartenait au savant M Perne, correspondant de l'Institut, ex-inspecteur général et bibliothécaire de l'Ecole royale de musique ; c'est un recueil extrêmement précieux sous beaucoup d'autres rapports. Le traité dont il s'agit a pour titre : *Expositio manus secundum magistrum Joh. Tinctoris.* (Voir l'article *Tinctor* dans le *Dictionnaire historique des musiciens,* Paris, 1811.)

MAIN HARMONIQUE DES ANCIENS.

N. B. En suivant ci-dessous l'ordre numérique des chiffres 1 à 20 le long des cinq lignes qui, par leur direction, indiquent les cinq doigts de la *main harmonique* des anciens, on connaîtra l'ordre dans lequel les notes s'indiquaient avec l'index de la main gauche pour solfier les vingt notes du système de Gui d'Arezzo.

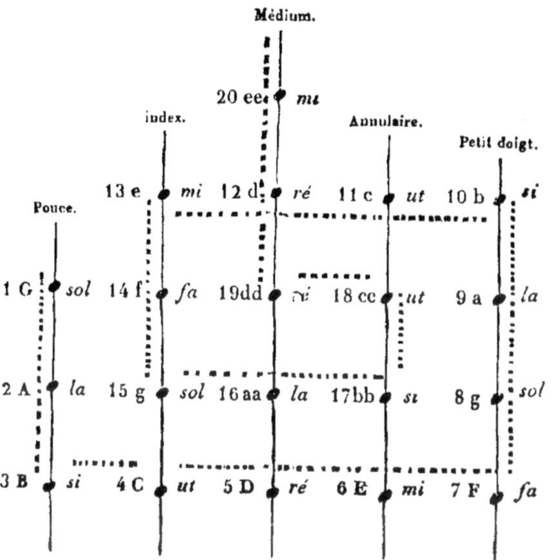

La méthode de la *main* fut en usage de la sorte jusque vers le milieu du 16e siècle, époque à laquelle *Bourgeois* proposa la solmisation actuelle (1550)[1]. Dans le siècle suivant (1636), le père Mersenne n'en reproduisit pas moins la *main harmonique*, mais sans spécifier ses usages avec détail[2].

Enfin *Rameau*, sans mentionner la main harmonique des anciens, proposa dans son *Code de musique* (1760) l'usage de la main, bien ouverte et le petit doigt vers la terre, pour représenter les cinq lignes de la portée musicale. Rien ne témoigne pourtant que cette heureuse indication ait été suivie. On peut encore rapporter ici, comme ayant de l'analogie avec ce dernier moyen, que vers le même temps *Jacob*, musicien de l'Opéra, se servit dans sa méthode d'une portée sans clef ni notes, portée vide dans l'usage de laquelle un auteur moderne,

(1) *Le droit chemin de musique, avec la manière de chanter les psaumes par usage ou par ruse, sans le secours de sa main, par Bourgeois.* Genève, 1550.

(2) Le père Mersenne, lib. 6, *de Generibus et Modis.* Paris, 1636. (*Voir* l'avis imprimé en tête de l'*Indicateur-Vocal.*)

M. *Pastou*, habile professeur, croit trouver l'origine du *Méloplaste* de *Galin*; mais *Galin* connaissait-il l'ouvrage de *Jacob* (1769)? connaissait-il le *Traité pratique du chant ecclésiastique*, par l'abbé *Le Bœuf*, qui emploie également la portée vide (1741), et connaissait-il l'ouvrage de *Sebalte Heyden* (1537), où cette sorte de portée est également présentée [1]?

Arrivé maintenant aux mains musicales de la méthode actuelle (Tableau 4-*A*), nous devons faire remarquer que, dans tout ce qui a précédé, il n'est pas question d'établir les deux mains en rapport avec la portée générale des voix, ni de leur attribuer des places diésées ou bémolisées au moyen desquelles on peut toucher des chants modulés, analyser les diverses espèces d'intervalles et composer les gammes dans les deux modes; on n'y parle pas non plus de l'emploi d'une clef d'*ut* mobile, sous forme d'anneau, pour lire sur la main aux diverses positions de cette clef comme cela se pratique avec les clefs mobiles de *l'Indicateur-Vocal* (tableau 42). Tels sont en abrégé les documents que nous avons pu recueillir sur les usages antérieurs de la *main*; les personnes éclairées et judicieuses sauront bien, d'après cela, attribuer à chaque auteur la part du mérite qui lui revient dans cette succession d'inventions, d'additions et de perfectionnements.

2. Lecture des lignes de la portée avec clef de *sol*.

Remarque 1. Avant de passer à cette étude il faut rappeler, d'après le haut du tableau, que les lignes de portée qui partent du bout des doigts se nomment comme ces doigts; on commencera donc par faire montrer l'un ou l'autre doigt, puis l'une ou l'autre ligne.

Remarque 2. Si les élèves hésitent dans la lecture des notes de la partie du bas du tableau, le moniteur tourne un moment le dos à ce tableau pour faire lire sur la main seulement. (*Voir* le deuxième exercice d'écriture musicale, page 42).

TABLEAU 4. (Ire Classe.)

1. Premiers exercices de la mesure.

Remarque 1. Le procédé qui consiste à prononcer en mesure le nom de la *figure* des notes, *ronde, blanche, noire,* ainsi que les lectures mesurées de ces mêmes figures (tableaux 5 et 6) appartiennent en propre à la méthode et sont consignés dans les rapports de 1819. (*Voir* l'Appendice.)

(1) « Le maître touchera sur ces lignes et sur les intervalles blancs tous les chants qu'il voudra. Il faut enseigner aux élèves à descendre et monter suivant le progrès d'une baguette qui touche tantôt sur une ligne et tantôt sur une autre; il faudra pour cela laisser beaucoup de blanc entre les cinq lignes. » L'abbé *Le Bœuf*, *Traité historique et pratique du chant ecclésiastique*, page 164. Paris, 1741.

2. Première lecture rythmique et première solmisation mesurée.

REMARQUE 2. En marquant le troisième temps, les élèves ne doivent pas laisser tomber la main droite plus bas que la ceinture.

N. B. Après les trois lectures de cette portion du tableau, suivies d'un premier examen, on doit passer outre et y revenir, comme cela a déjà été recommandé pour le tableau 1.

REMARQUE 1. D'après le système de rédaction musicale que nous avons adopté pour la méthode, eu égard à sa principale destination, les préceptes fondamentaux de toute bonne exécution vocale seront toujours présentée, au fur et à mesure que l'on pourra en faire une application immédiate. Tels sont : la *mise de voix* sur le tableau actuel ; les diverses nuances du *legato* et du *staccato*, notes liées ou détachées (tableau 27) ; *le port de voix,* transport de voix d'un son à l'autre (tableau 31) ; l'*appogiature simple*, petite note sur laquelle la voix appuie avant de couler sur une note ordinaire (tableau 38).

N B. La pratique de la plupart des autres agréments du chant, *gruppetto*, *trille, mordente, roulade*, etc., exige dans les élèves des facultés vocales plus heureuses et plus développées que celles qu'on rencontre ordinairement dans les écoles ; et elle demande, d'ailleurs, de la part du professeur, des soins spéciaux et individuels qui sortent de tous les modes d'instruction publique.

REMARQUE 2. C'est encore par suite du même système de rédaction que l'on trouvera successivement et par petites collections les *mots* et les *signes* les plus usuels de l'exécution musicale.

REMARQUE 3. Comme il est fort important de s'occuper de la respiration pour arriver à la bonne exécution vocale, nous allons rappeler ici les conseils généraux qui sont donnés à cet égard.

La respiration se compose de deux mouvements alternatifs, l'*aspiration*, quand on attire l'air, et l'*expiration*, quand on le repousse. Lorsque l'on respire pour chanter, il faut en *aspirant* rentrer le ventre et le faire remonter avec promptitude en gonflant la poitrine et en la portant en avant. Dans l'*expiration* le ventre doit revenir fort lentement à son état naturel, et la poitrine doit s'abaisser peu à peu sans secousses. On peut s'exercer, même sans chanter, à *aspirer* avec aisance et sans que l'on puisse presque s'en apercevoir.

Quand vient le moment de l'*aspiration* (de prendre haleine), il faut *aspirer* promptement et sans bruit.

On trouve le moment nécessaire à l'*aspiration* en diminuant un peu la valeur de la note qui est vers la fin de l'*expiration* (avant de perdre haleine).

Les moments les plus favorables à la *respiration* sont, en général, avant et après les notes tenues très long-temps, pendant les silences, et à la fin de tout sens musical.

Les élèves des écoles élémentaires ne doivent jamais crier, mais il faut qu'ils développent un certain volume de voix et donnent à leurs sons de la rondeur; on leur recommande constamment d'éviter toute espèce de grimace en chantant, et surtout celle qui se nomme *faire la moue;* ils ne doivent pas serrer les dents, et pourtant leur bouche doit être riante, parce que les sons obtenus par cette dernière disposition sortent plus purs; les paroles chantées doivent être exactement prosodiées, il faut les articuler sans affectation et non les jeter en dehors; on se souviendra à cet égard que les enfants, hors de l'école, ne doivent pas chanter chez leurs parents comme s'ils avaient à remplir les voûtes d'une église par les éclats de leur voix.

TABLEAU 5. — (Ire Classe.)

1. Préparation pour la lecture rythmique du mélange des figures de notes *ronde, blanche* et *noire.* (*Voir* la première remarque du tableau 4.) — 2. Lecture rythmique courante des mélanges de *ronde, blanche* et *noire.*

REMARQUE 1. 1° Le moniteur doit être parfaitement instruit des procedés décrits dans l'*avis* placé en tête de cette portion de tableau; 2° après l'étude de la première ligne de cette *lecture courante*, on fera toucher les entre-doigts et nommer les interlignes de la première portée; 3° après la deuxième ligne de la lecture rythmique, on étudiera les interlignes de la deuxième portée.

REMARQUE 2. Il ne faut pas omettre l'important exercice de solmisation diatonique recommandé sous la deuxième ligne de la lecture rythmique.

3. Lecture des notes placées entre les doigts ou entre les lignes, avec clef de *sol.*

REMARQUE. C'est ici l'occasion de mentionner, une fois pour toutes, en quoi la rédaction générale de cette *troisième édition* diffère essentiellement de celle de la première édition.

Dans la première édition nous avions établi trois séries de tableaux, savoir: *Principes, Études de la mesure, Exécution vocale*, et d'après les indications du *Guide* on devait faire alterner, dans un certain ordre, l'une et l'autre de ces études. Or il est arrivé souvent que ces indications n'étant pas suivies, on négligeait un travail au détriment de l'autre. Pour rendre maintenant ce mécompte impossible, l'ouvrage n'offre plus qu'une seule série du tableau 1 au tableau 73, et les variétés d'études sont présentées sur la même feuille, comme dans la tableau actuel, par exemple, où il y a étude purement rythmique, et séparément lecture des noms d'interlignes au moyen des noms de lignes que l'on sait déjà, comme on le verra encore sur le tableau 13 où l'on trouve : préparation *vocale* pour l'intonation d'un intervalle, emploi de cet intervalle dans un *chant*, et préparation *rythmique* pour des études subséquentes.

TABLEAU 6. — (Ire Classe.)

1. Préparation pour la lecture rythmique du mélange des trois premières figures de notes et de silences. — 2. Lecture rythmique courante. — 3. Solmisation diatonique et mesurée avec blanches pointées. — 4. Énonciation des diverses figures de notes et des noms de position *do, ré, mi.*

Point de remarque.

(*Voir* le quatrième Exercice d'*Ecriture musicale*, page 46.)

TABLEAU 7-*A*. — (Ire Classe.)

Échelle diatonique. — Gamme en chiffres avec signes manuels. — Notions relatives au chant à plusieurs parties.

Remarque. Les procédés de ce tableau doivent être étudiés avec soin, afin qu'ils soient familiers pour les applications fréquentes que l'on aura à en faire.

TABLEAU 7-B. — (Ire Classe.)

1. Distinction des intervalles de *Seconde, Tierce*, etc.—Classification de la méthode.

Pour le professeur comme pour les moniteurs-chefs, il est important de connaître nettement et dès le commencement la classification de la méthode, mais pour les très jeunes élèves il suffit de leur faire remarquer au fur et à mesure qu'ils passent d'une classe à l'autre.

2. Solmisation de la première classe. — 3. Sons attaqués.

(Nouvelle application de la remarque faite sur le tableau 4, relativement à la répartition des préceptes de l'exécution vocale.)

TABLEAU 8. — (IIe Classe.)

1. Première analyse de la *Seconde* et préparation de cet intervalle sur la main.

N. B. Avant de se placer en présence des élèves, il est indispensable que le professeur et les moniteurs soient parfaitement familiarisés avec la pratique du chant sur la main, décrit en haut de la feuille de ce tableau.

Remarque 1. L'importance de la préparation vocale par le chant sur la main est évidente; car les élèves, en suivant et en imitant les positions touchées, n'ont à chercher que la seule intonation, sans avoir à s'occuper d'un signe quelconque de durée.

Remarque 2. Chacune des huit classes débute par la préparation vocale de son intervalle sur la main; puis vient une lecture rythmique de l'intervalle écrit en *blanches* et en *noires* mêlées, et ensuite la solmisation de ce qui a été lu ainsi en mesure et sans intonation. De cette manière, en même temps que les yeux s'habituent à reconnaître les intervalles, la voix s'exerce à les pratiquer progressivement, et l'oreille se forme de plus en plus à les apprécier et à les distinguer nettement les uns des autres.

Remarque 3. Les notions premières que les élèves reçoivent sur chaque intervalle dans les classes élémentaires de la méthode (II à VIII) se complètent successivement dans les divisions de *seconde*, de *tierce*, etc., des 2e—VIIIe et 3e —VIIIe ; ainsi, dans la 3e classe, par exemple, la tierce se distingue seulement par les trois positions diatoniques qu'elle embrasse ; dans la 2e —VIIIe, également division des *tierces*, l'intervalle est écrit en notes différemment affectées par les signes *dièse*, *bèmol* ou *bécare*.

2. Suite du tableau 4 pour les signes usuels et indépendants de la figure des notes et des silences.

Remarque conforme à celle du tableau 4.

3. Solmisation mesurée et progressionnelle des *Secondes*.

Point de remarque.

TABLEAU 9.—(IIe Classe.)

1. Suite de la solmisation progressionnelle des *Secondes*. — 2. Echelle proportionnelle des mouvements intermédiaires entre le plus lent et le plus vif.

Point de remarque.

3. Premier chant des *Secondes*.

Remarque 1. Se conformer à l'*avis* général sur l'exécution des chants de la méthode.

Remarque 2. A partir de ce tableau les élèves retrouvent de temps à autre sur les tableaux des chants ou des portions d'exercices enseignés ou retenus par *écho*, comme *types* des intervalles de *seconde*, *tierce*, etc. [1]

Donner ainsi à exécuter à vue de musique quelques airs que les élèves savent déjà par cœur paraît d'abord une chose inutile ou de pure routine ; mais quelques considérations qui prouvent le contraire vont faire trouver dans cet exercice

(1) Les personnes qui n'auraient pas le loisir d'examiner la marche de la méthode pourraient attribuer au chant par *écho* plus d'importance qu'il n'en a réellement. L'utilité fondamentale de ce chant, dans une école populaire surtout, est incontestable ; c'est le précédent de toute musique, mais il n'est que cela dans l'ordre de trois degrés élémentaires de la méthode : *chant par écho, chant sur la main, chant noté*.

Les intonations fugitives du *chant par écho* sont fixées dans la mémoire par le toucher du *chant sur la main*, et le chant sur la main est fixé sur le papier par les caractères du *chant noté*. En effet, des notes écrites rappellent leur position sur la main, et le toucher de ces positions rappelle les *sons*. Dites à un enfant qui hésite dans la lecture vocale des notes de sa classe : *Touchez*; et aussitôt, soit qu'il touche réellement ses doigts, soit que sa pensée se reporte à l'action de toucher ces notes, il retrouve les sons qu'on lui demande.

l'une des plus sensibles applications du système pris pour base de la méthode : *c'est à ce que je sais que commence tout ce que j'ignore.* Les élèves savent en effet l'air et les paroles qu'on leur met sous les yeux, mais jusque là ils n'avaient pas vu les paroles écrites ni la musique notée ; on commence donc par leur montrer ici le moyen matériel de fixer sur le papier les sons oratoires et les sons musicaux, par les caractères qui sont propres à chacun d'eux. Voici le reste des opérations : 1° les élèves chantent les paroles qu'ils savent et regardent les notes qu'ils ne connaissent pas ; 2° ils solfient les notes, et, comme ce sont des secondes, les lectures vocales précédentes les mettent à même de reconnaître que les sons qu'ils ont coutume de donner à ces notes reproduisent en effet ici l'air qui leur est connu sur les paroles ; 3° préparés par les exercices qu'ils ont exécutés précédemment sur la main, et par la mémoire du chant qu'ils ont sous les yeux, les élèves font facilement une seconde lecture vocale en touchant sur la main les notes qu'ils regardent sur le tableau ; ils chantent bientôt ces airs types sur la main sans regarder la musique. Enfin, la main devient une sorte d'instrument de *mnémonique musicale*, qui au simple toucher rappelle les sons de chaque doigt ; d'après ces résultats, que le raisonnement explique et dont on peut vérifier le fait, il semble que l'emploi de la main musicale soit l'un des meilleurs moyens à indiquer pour rendre facile et populaire la lecture de la musique.

TABLEAU 10. — (IIIe Classe.)

1. Première analyse de la *Tierce* et préparation de cet intervalle sur la main.

Remarque. Au premier tableau de chacune des classes II à VIII, il faut apporter le plus grand soin à faire reconnaître aux élèves les différences des positions qui distinguent à vue les intervalles les uns des autres. Cela est de la plus grande importance pour les analyses mélodiques et harmoniques subséquentes.

2. Solmisation mesurée et progressionnelle des *Tierces*.

Remarque. La solmisation progressionnelle de chaque intervalle à vue de musique, étant très facile à cause de la préparation antérieure sur la main et parce qu'elle ne se présente d'abord qu'en valeurs de *blanches et noires* dont la lecture rythmique s'effectue préalablement, il ne faudra pas négliger l'exécution des exercices progressionnels simultanés pour des classes différentes, soit que les groupes de ces classes existent, soit qu'il faille donner la seconde partie à répéter à des groupes qui auraient déjà vu ce tableau. C'est le premier et le plus simple des exercices d'ensemble de groupes différents, c'est une excellente préparation pour l'exécution des chants à plusieurs parties.

TABLEAU 11. — (IIIe Classe.)

1. Suite de la solmisation progressionnelle des *Tierces*.

Point de remarque.

2. Premier chant des *Tierces*.

Remarque conforme à l'avis général sur l'exécution des chants de la méthode (tableau 9).

3. Tableau général et comparatif des valeurs équivalentes en notes et en silences.

Point de remarque.

TABLEAU 12. — (IVe Classe.)

1. Première analyse de la *Quarte* et préparation de cet intervalle sur la main. — 2. Solmisation mesurée et progressionnelle des *Quartes*.

Remarques conformes à celles du tableau 10.

TABLEAU 13. — (IVe Classe.)

1. Suite de la solmisation progressionnelle des *Quartes*.

Point de remarque.

2. Premier chant des *Quartes*.

Remarque conforme à l'avis du tableau 9.

3. Première lecture rythmique et préparatoire des croches.

Remarque 1. Comme, sur les tableaux 5, 6 et 7, l'appellation rythmique des figures de notes ronde, blanche et noire, prépare à la lecture mesurée et vocale des tableaux suivants, de même ici, tandis que les solféges et les chants n'emploient encore que des rondes, blanches et noires, on prépare, par la lecture rythmique des croches, aux chants qui emploient cette valeur dans la 2e -VIIIe. Ces nouvelles études de la mesure sont répétées sur les tableaux 13 à 22. Ainsi chaque tableau résume, en général, ceux qui le précèdent, et prépare à ceux qui le suivent.

N. B. Pour les tableaux 13, 15, 17 et 19, on fera prendre les études de croches entre la première et la seconde partie du *chant* progressionnel de chaque intervalle.

Remarque 2. Dans la troisième édition, comme dans la première, les études purement rythmiques et préparatoires sont exécutées en successions diatoniques pour qu'on ne soit pas arrêté par les noms des notes,

TABLEAU 14. — (Ve Classe.)

1. Première analyse de la *Quinte* et préparation de cet intervalle sur la main. — 2. Solmisation progressionnelle et mesurée des *Quintes*.

Comme pour le tableau 10.

TABLEAU 15. — (Ve Classe.)

1. Suite de la solmisation progressionnelle des *Quintes*. — 2. Premier chant des *Quintes*. — 3. Suite de la lecture rythmique et préparatoire des croches.

Comme pour le tableau 13.

TABLEAU 16. — (VIe Classe.)

1 Première analyse de la *Sixte* et préparation de cet intervalle sur la main. — 2. Solmisation mesurée et progressionnelle des *Sixtes*.

Comme pour le tableau 10.

TABLEAU 17.

1. Suite de la solmisation progressionnelle des *Sixtes*. — 2. Premier chant des *Sixtes*. — 3. Fin de la lecture rythmique et préparatoire des croches.

Comme pour le tableau 13.

TABLEAU 18. — (VIIe Classe.)

1. Première analyse de la *Septième* et préparation de cet intervalle sur la main. — 2. Solmisation mesurée et progressionnelle des *Septièmes*.

Comme pour le tableau 10.

TABLEAU 10. — (VIIe Classe.)

1. Suite de la solmisation progressionnelle des *Septièmes*. — 2. Premier chant des *Septièmes*. — 3. Première lecture rythmique et préparatoire avec noire pointée et croches.

Comme pour le tableau 13.

TABLEAU 20. — (1re - VIIIe.)

1. Première analyse de l'*Octave* et préparation de cet intervalle sur la main. — 2. Solmisation mesurée et progressionnelle des *Octaves*.

Comme pour le tableau 10.

TABLEAU 21. — (Ire - VIIIe.)

1. Suite de la solmisation progressionnelle des *Octaves*. — 2. Premier chant des *Octaves*. — 3. Fin des études rythmiques et préparatoires avec noire pointée et croches.

Comme pour le tableau 13.

TABLEAU 22. — (1re - VIIIe.)

Récapitulation vocale et rythmique.

Point de remarque.

2E—VIIIE,

OU

DEUXIÈME SECTION DE LA VIIIe CLASSE.

TABLEAU 23-A.

(2e-VIIIe. — Division des *Secondes.*)

Escalier chromatique et main chromatique. — Dièse, bémol, bécarre.

REMARQUE 1. Ce tableau étant le premier de la 2e-VIIIe (2e section de la VIIIe classe), il faut porter l'attention des moniteurs, et par suite celle des élèves, sur le partage de cette partie de la méthode en *divisions* de *secondes*, de *tierces*, etc., dans lesquelles on va compléter les études élémentaires commencées dans les classes II à VIII, de même que, dans le IIe COURS, on passera à des études de perfectionnement pour chacun des degrés du premier cours.

REMARQUE 2. La note diésée étant plus près de celle vers laquelle elle monte et la note *bémolisée* plus voisine de celle sur laquelle elle descend, on distingue deux sortes de demi-ton : le *demi-ton chromatique* entre deux notes de même position, comme *ut, ut* ♯, et le *demi-ton diatonique* entre deux positions voisines, comme *ut* ♯, *ré.*

Le demi-ton *chromatique*, qui caractérise les nuances du genre chromatique (*ut, ut* ♯), est plus grand que le demi-ton *diatonique* (*ut* ♯, *ré*), qui est identique avec le demi-ton *si, ut* de la gamme diatonique.

(Tableau 67-A. IIe Cours.) *N. B.* La différence du demi-ton *chromatique* (*ut, ut* ♯) au demi-ton *diatonique* (*ut* ♯, *ré*) est d'un *comma* ou neuvième de ton.

TABLEAU 23-B.

(2e-VIIIe. — Division des *Secondes.*)

1. Deuxième analyse de la seconde. — Seconde majeure et seconde mineure.

REMARQUE. Ici se présente le premier exemple des notions que chaque division de la 2e-VIIIe va ajouter aux premiers éléments d'intonation et de rythme acquis dans les classes II à VIII. Les intervalles, qui d'abord n'ont été distingués sur la portée que par la *position* des deux notes qui les forment, vont être maintenant qualifiés de *majeurs* ou *mineurs*, etc., selon le nombre de tons et de demi-tons compris d'une note à l'autre, comme, *sol-la*, seconde *majeure* (un ton); *sol-la* ♭ seconde *mineure* (un demi-ton); *ut-mi*, tierce *majeure* (deux tons); *ut mi* ♭ tierce *mineure* (un ton et demi); etc. C'est donc sous le rapport de la modification que peut subir ainsi chaque intervalle qu'ils seront tous revus et étudiés successivement sur les tableaux 28, 30, 32, 36, 39 et 40.

2. Air type de la seconde mineure.

La disposition resserrée des matières n'a pas permis d'insérer sur le tableau 38 les deux parties d'accompagnement de ce chant ; elles se trouvent seulement dans l'édition manuelle (2e-VIIIe, division des quintes). C'est la seule omission qui existe sur les tableaux.

Remarque 1. On recommande vivement ici la *préparation vocale* indiquée au bas du tableau, pour entonner, à partir d'un son quelconque, la seconde *majeure* ou *mineure ;* cet exercice est fondamental pour la composition postérieure des gammes sur la main et sur l'*Indicateur-Vocal* (tableau 42 et chap. IVe du *Guide*). Pour des motifs semblables il faudra pratiquer la *préparation vocale* quand on arrivera aux autres intervalles (tableaux 28, 30, 32, 36, 39 et 40). Ces préparations aux variétés d'un même intervalle forment l'oreille à une exacte appréciation et contribuent beaucoup à la sûreté de l'intonation à vue de musique.

Remarque 2. On rappelle et l'on recommande pareillement ici, pour toute la 2e-VIIIe, l'utilité de faire solfier, et chanter sur la main en prononçant les paroles, des airs au fur et à mesure qu'ils sont appris ; cette habitude se contracte assez vite et avec intérêt pour les élèves ; c'est aussi le moyen de mnémoniser de plus en plus l'intonation des intervalles.

Remarque 3. A cause du fréquent emploi qui en sera fait pour l'analyse des gammes, il est aussi très important de s'astreindre à l'emploi habituel des signes manuels du ton et du demi-ton, comme signes de rappel des secondes majeures ou mineures.

Remarque 4. Ainsi que cela a été recommandé dans les classes II à VIII, il faudra continuer dans la 2e-VIIIe, et aussi dans le deuxième cours, les lectures littérales et les lectures rythmiques, particulières ou partielles, avant la solmisation et en attendant le *tour de chant* de chaque groupe (page 48, première partie du *Guide*).

TABLEAU 24.

(2e - VIIIe. — *Tons.*)

Tonique, ton et transposition. — Dièses et bémols constitutifs ou accidentels. — Ordre générateur des dièses et des bémols constitutifs. — Analyse des gammes sur la main en diverses toniques.

(*N. B.* Se conformer à l'*avis* imprimé en tête du tableau relativement au temps à consacrer à cette étude.)

Remarque. La disposition des trois exemples notés a pour objet de faire constater par les élèves mêmes, et note par note, l'identité des mêmes intervalles quand un même chant est transposé d'un ton dans un autre. L'étude de ces exemples jettera une grande clarté sur tout ce qui est relatif à l'analyse et à la transposition de la gamme.

Les élèves verront ainsi qu'une mélodie transposée ne change en aucune manière quand les notes conservent entre elles les intervalles du chant primitif, et ils sentiront fort bien la nécessité de la transposition pour écrire dans le diapason de chaque voix un air qui, sans cette attention, sortirait de l'étendue de cette voix [1].

TABLEAU 25-*A*.

(2e-VIIIe. — *Tons* et *Modes*.)

Notes tonales et notes modales. — Mode majeur et mode mineur.

Remarque 1. Les faits importants *de l'origine et de la génération des sons de la gamme diatonique et de la gamme chromatique* sont développés dans le premier tableau appendice du deuxième cours. Dans les remarques sur ce tableau (page ci-après), on a indiqué des expériences curieuses à faire sur le *forte piano*.

Remarque 2. Lorsqu'en se conformant à l'*avis* réimprimé en tête de cette feuille on aura repris des tableaux actuels (24 et 25) entre les études des tableaux 26 à 42, le tableau 42 (l'*Indicateur-Vocal*) offrira, à l'aide des procédés décrits au chapitre IV du *Guide*, un moyen certain de vérification pour constater l'entente desdits tableaux 24 et 25.

A l'occasion des notions exactes et fort importantes que nous avons voulu présenter d'une manière concise sur les tableaux 24 et 25, qu'il nous soit permis de faire encore remarquer que le système constant de la méthode consiste non-seulement dans une suite de déductions des premiers principes établis, mais encore dans l'intention de faire en sorte que chaque exercice nouveau soit ensuite utile aux exercices subséquents.

Remarque 3. La variabilité des notes *modales* (3 - 6 - 7) ne produisant qu'un changement de mode, tandis que l'altération des notes tonales (I - IV - V) opérerait un changement de ton, on réserve, dans la méthode, aux intervalles de tierce, sixte et septième la qualification de *majeures* ou *mineures*, et l'on qualifie les quintes et quartes de *justes*, d'*augmentées* et *diminuées*, non pas

(1) Long-temps la transposition a été employée pour reproduire en notes naturelles (soit en copiant, soit en chantant) un chant qui se présentait avec des notes diésées ou bémolisées; mais cette application est vicieuse et ne fait pas toujours éviter ce qu'on craint, car il est des traits qu'aucune transposition ne saurait présenter avec des notes naturelles, et d'autres où, si on gagne des notes naturelles d'un côté, on introduit des dièses ou des bémols de l'autre. Il vaut donc mieux habituer les élèves à la lecture des signes par les procédés analytiques.

parce que ces derniers intervalles, quarte ou quinte, seraient *faux* par leur altération en plus ou en moins, mais parce qu'alors ils sortiraient, par rapport au *ton* même qu'ils établissent, du *juste* degré qu'ils doivent conserver pour ne pas faire changer de TON.

TABLEAU 25-*B*.

(2e-VIIIe. — *Tons* et *Modes*.)

Modes relatifs. — 2. Connaissance des tons et des modes d'après l'armure. —3. Détermination de l'armure d'après la tonique.

Remarques des tableaux 24 et 25-*A*.

TABLEAU 26.

(2e-VIIIe. — Division des *Secondes*.)

1. Suite de la deuxième étude de l'intervalle de seconde. — 2. Première étude des notes syncopées. (Suite de ces études, tableau 49, deuxième Cours.)

REMARQUE 1. En général, et dans toute la méthode, les *solféges dialogués* avec des classes ou des divisions différentes, ne s'exécutent en *parties* que lorsqu'il y a des élèves arrivés à la classe ou à la division la plus élevée de cet ensemble. Ainsi, par exemple, pour l'exécution à trois *parties* du n° 2 de ce tableau, avec les tableaux 29 et 30, il faut qu'il y ait des élèves du tableau 30 ou de l'un des tableaux plus élevés encore; pour exécuter le n° 3 à deux *parties*, il faut qu'il y ait des élèves du tableau 29 au moins, etc. Jusque là ces numéros se solfient à une seule partie dans leurs groupes respectifs.

REMARQUE 2. Les morceaux à plusieurs *parties* d'une même classe, ou d'un même tableau peuvent s'exécuter en parties, soit dans le groupe même, soit avec des élèves d'un groupe au-dessus et que l'on fait descendre momentanément pour doubler les rangs en regardant entre les têtes de leurs camarades. — Mais avant, les parties vocales auront dû être étudiées séparément par le groupe même auquel elles appartiennent.

N. B. Ce dernier mode d'exécution peut s'appliquer ici au n° 4.

REMARQUE 3. La distinction des temps *forts* et des temps *faibles* ne doit pas être négligée, car c'est de la connaissance qu'on en donne aujourd'hui qu'on déduira plus tard la pratique des notes syncopées. C'est pourquoi, à partir de la lecture de ce tableau, on fera, de temps à autre, prononcer les mots *fort*, *faible*, *fort*, *faible*, en exécutant la mesure d'avertissement des tableaux ou des dictées, au lieu de prononcer les chiffres 1, 2, 3, 4.

TABLEAU 27.

(2e - VIIIe. — Division des *Secondes*.)

1. Notes coulées et notes détachées.

REMARQUE. Faire éviter l'espèce d'affectation ridicule que quelques élèves pourraient mettre dans l'exécution des exercices de ce tableau.

2. Solfége d'application pour les notes coulées et détachées, et pour divers autres signes d'exécution vocale et instrumentale.

REMARQUE. Il est nécessaire de faire remarquer et de faire observer avec exactitude l'effet de ces diverses nuances d'exécution.

TABLEAU 28.

(2e - VIIIe. — Division des *Tierces.*

1. Deuxième analyse de la tierce. — 2. Airs types de la tierce majeure et de la tierce mineure.

Remarques des tableaux 23-*B* et 26.

TABLEAU 29.

2e - VIIIe. — Division des *Tierces.*)

Deuxième étude de l'intervalle de tierce.

Remarques du tableau 26.

TABLEAU 30.

(2e - VIIIe. — Division des *Quartes.*)

1. Deuxième analyse de la quarte. — Quarte juste et quarte augmentée.

Remarques des tableaux 23-*B* et 26.

2. Types de l'intonation de quarte juste.—Deuxième étude de l'intervalle de quarte.

Remarques du tableau 26.

3. Exécution du port-de-voix ou *portamento.*

REMARQUE. Application du système de rédaction musicale adopté pour la Méthode (*Guide*, page 1).

TABLEAU 31.

(2e - VIIIe. — Division des *Quartes.*)

1. Premiers exercices sur la mesure à deux temps. — Silence au commencement d'un temps.

Point de remarque.

2. Suite de la deuxième étude de l'intervalle de quarte.

Remarques du tableau 26.

TABLEAU 32.

(2e - VIIIe. — Division des *Quintes.*)

1 Deuxième analyse de la quinte. — Quinte juste et quinte diminuée. — 2. Types pour l'intonation de la quinte juste.—Deuxième étude de l'intervalle de quinte.

Remarques des tableaux 25 *B* – et 26.

TABLEAU 33

(2ᵉ - VIIIᵉ. — Division des *Quintes.*)

1. Premiers exercices préparatoires de la mesure à trois temps. — 2. Suite de la deuxième étude de l'intervalle de quinte.

Remarque. La mesure à trois temps, dont on commence l'étude dans la cinquième classe, présentera peu de difficultés, par l'aplomb que les élèves ont acquis dans les classes précédentes pour les mesures quaternaires et binaires.

TABLEAU 34.

(2ᵉ - VIIIᵉ. — Division des *Quintes.*)

1. Première lecture avec clef de *fa* sur la main et sur la portée.

Remarque. Faire connaître aux élèves le jeu des *clefs mobiles* sur l'*Indicateur-Vocal.*

(Tableau 43, et *Guide* 59.)

2. Suite de la deuxième étude de l'intervalle de quinte.

Point de remarque.

TABLEAU 35.

(2ᵉ - VIIIᵉ. — Division des *Quintes.*)

1. Table générale des signes de la mesure.

Remarque 1. La division en mesures *simples*, *composées* et *dérivées*, ainsi que la signification donnée à ces termes, sont conformes au sens littéral des mots et appartiennent d'ailleurs aux livres classiques consacrés depuis longtemps parmi les professeurs.

Remarque 2. Au lieu de suivre l'usage, en enseignant qu'il y a plusieurs espèces de mesures à quatre temps, à deux temps et à trois temps, la méthode établit deux règles simples et générales, au moyen desquelles il est facile de reconnaître la quantité de temps et de notes employées dans une mesure quelconque. On évite ainsi d'offrir à la mémoire une nomenclature difficile à retenir et qui d'ailleurs pourrait n'être pas complète [1].

2. Suite de la deuxième étude de l'intervalle de quinte.

Remarques du tableau 26.

(1) Si l'on veut avoir une idée du nombre et de la complication des signes de mesure, tels que 2, $\frac{2}{4}$ $\frac{6}{4}$ $\frac{6}{8}$ 3, $\frac{9}{4}$ $\frac{9}{8}$ $\frac{3}{8}$ 4, $\frac{12}{4}$ $\frac{12}{8}$, etc., on peut consulter les solféges, et en outre chercher, dans le *Dictionnaire de musique*, les articles *mesure double*, *double triple*, *triple*, *triple de blanche*, *temps et prolation*, *plique*, *point*, etc.

3. Préparation rythmique pour passer plusieurs notes dans un même demi-temps.

Point de remarque.

TABLEAU 36.

(2e - VIIIe. — Division des *Sixtes.*)

1. Deuxième analyse de la sixte. — Sixte majeure et sixte mineure.
2. Types pour l'intonation de la sixte majeure et de la sixte mineure. — Deuxième étude de l'intervalle de sixte.

Remarques des tableaux 23-*B* et 26.

TABLEAU 37.

(2e - VIIIe. — Division des *Sixtes.*)

Premiers exercices rythmiques et préparatoires sur la mesure à $\frac{6}{8}$. (Suite, tableaux du deuxième cours.)

Remarque 1. Dans l'exercice préparatoire de la première colonne, insister sur la différence de scandé entre le $\frac{3}{4}$ et le $\frac{6}{8}$.

Remarque 2. Avant de commencer chacun des exercices préparatoires de la deuxième colonne, il est utile de marquer une mesure d'avertissement en prononçant les chiffres 1-2-3, 1-2-3, etc. ou 1-2, 1-2, en prononçant 1 long et 2 bref.

2. Chœur sur l'*andante* de l'ouverture du *Calife de Bagdad*, musique de Boieldieu.

Point de remarque.

TABLEAU 38.

2e - VIIIe. — Division des *Sixtes.*)

1. Appogiature simple, ou petite note d'agrément.

Remarque. Application du système de rédaction musicale adopté pour la Méthode (*Guide*, page 1).

2. Première lecture avec clef d'*ut* première ligne.

Remarque. On peut faire repasser ici les exercices de la mutation des clefs sur l'*Indicateur-Vocal*, comme cela s'est fait pour le tableau 34.

TABLEAU 39.

(2e - VIIIe. — Division des *Septièmes.*)

1. Deuxième analyse de la septième. — Septième majeure et septième mineure.

Remarques du tableau 23-*B*.

2. Triolets, ou trois notes pour deux de la même figure.

Remarque. Il faut bien faire comprendre et sentir la différence pratique qu'il y a entre 2 croches par temps, dont chacune est le huitième de ronde, et les trois croches *triolets* par temps, dont chacune est un douzième de ronde.

3. Solfége d'application pour l'exécution des triolets.

REMARQUE. On a cru rendre plus sensible la différence des croches *triolets* aux croches ordinaires en reproduisant en $\frac{2}{4}$ et sous forme plus ornée un solfége déjà vu à quatre temps (1 noire par temps) sur le tableau 27.

TABLEAU 40.

(2e-VIIIe.— Division des *Octaves*.)

1. Deuxième analyse de l'intervalle d'octave. — 2. Deuxième chant des octaves.

Remarques du tableau 23-*B*.

TABLEAU 41-*A*.

APPLICATION GÉNÉRALE DES ÉTUDES DU PREMIER COURS.

1. La Puissance de l'Éternel. — 2. L'Ordre et le Désordre. — 3. Canon de Sabbatini.

REMARQUE 1. Faire lire et répéter attentivement le texte du paragraphe relatif au but que l'on s'était proposé et que l'on espère avoir atteint en terminant ainsi le premier cours de la méthode.

REMARQUE 2. C'est le moment de faire reprendre la lecture suivie des tableaux 24 et 25, dont les principes ont pu recevoir un commencement d'application entre les tableaux 25 et 41; applications qui seront plus nombreuses au fur et à mesure que l'on avancera dans la 3e-VIIIe (deuxième cours de la méthode), ou que l'on se bornera à l'exécution de chants et de chœurs du degré de force de l'*Orphéon*.

REMARQUE 3. A la suite de ce tableau 41 et entre les études de l'*Orphéon* (ou d'autres chants) on fera composer les gammes sur l'*Indicateur-Vocal* d'après les procédés décrits au chapitre IV, page 61, et si l'on doit s'occuper du *deuxième cours* on passera immédiatement au tableau 43 qui ouvre la 3e-VIIIe ou troisième section de la huitième classe. — Les autres exercices de l'*Indicateur* seront indiqués au fur et à mesure qu'il en sera besoin dans le ***deuxième cours***.

TABLEAU 41-*B*.

(2e-VIIIe. — Division des *Octaves*.)

REMARQUE. Cet offertoire de *Perne* est donné ici comme un type de la musique sacrée que, selon la localité et les convenances personnelles, on peut faire exécuter de temps à autre, dans les occasions où ces chants seraient utiles.

N. B. Il existe trois cahiers de *Chants sacrés* par *Perne*, à 7 fr. 50 c., prix marqué pour chaque cahier, et l'on trouve dans le commerce de musique d'excellentes compositions de ce genre.

TABLEAU 42.

(Ier et IIe Cours.)

INDICATEUR-VOCAL, AVEC NOTES ET CLEFS MOBILES.

AVIS. Pour se servir de l'*Indicateur-Vocal* avec plus de fruit, il convient d'attendre qu'il soit renvoyé à ce tableau dans le courant de la méthode.

REMARQUE 1. Le tableau de l'*Indicateur-Vocal* représente une portée ordinaire coupée par quatre barres perpendiculaires qui forment entre elles trois compartiments. Les notes naturelles s'indiquent avec le doigt ou la baguette dans le compartiment du centre, le compartiment de gauche est pour les notes diésées, et celui de droite pour les notes bémolisées; ce sont ces compartiments que nous nommons aussi *portée diésée, portée naturelle* et *portée bémolisée.* Au centre des lignes et des interlignes de chaque portée, on remarque un rang de trous alignés perpendiculairement; ils servent à placer à volonté huit notes mobiles et chiffrées 1 à 8. Les trois clefs s'implantent aussi par un même moyen aux places qu'elles doivent occuper [1].

REMARQUE 2. On fera montrer par divers élèves, en tête de l'*Indicateur-Vocal,* les six portées particulières tirées de la portée générale en lisant immédiatement le nom des voix qui emploient ces portées.

REMARQUE 3. L'*Indicateur-Vocal* rend sensible le rapport constant des trois clefs, et il dégage la lecture musicale de l'erreur des *quatre* clefs d'*ut,* des *deux* clefs de *fa* et du vice de la méthode de comparaison continuelle entre le nom actuel des lignes de la portée et celui qu'elles auraient selon la position de telle ou telle autre clef. Par l'emploi des notes mobiles de l'*Indicateur,* on fait rendre compte de la nature de chaque intervalle, et par conséquent de la construction de la gamme dans les deux modes; cet appareil est une sorte de pierre de touche pour éprouver l'entendement des élèves, car il exige toujours de leur part une action pour réponse, et il se refuse au vague des réponses d'à peu près.

La *main musicale* (l'une ou l'autre des mains mélodiques) rattache aux sensations du toucher les connaissances de théorie acquises par le jeu des notes mobiles sur l'*Indicateur-Vocal.* On transpose sur la main, au moyen d'un anneau, en guise de clef d'*ut,* et on touche à volonté tous les intervalles majeurs, mineurs, augmentés, diminués, etc.

Quant au choix que l'on peut faire entre l'*Indicateur* et la *main* pour exercer dans la pratique des intonations, l'usage de la *main* est infiniment préférable, parce que le moniteur a toujours ses élèves sous les yeux, tandis que pour le chant sur l'*Indicateur* le chef ne voit pas ses élèves, puisqu'il regarde nécessaire-

(1) L'origine de l'*Indicateur* (1812) est constatée dans les rapports réimprimés à la fin de ce *Complément,* et dans le *Guide* de la première édition, page 48.

ment les positions qu'il indique. Les enfants ne sont donc pas obligés de participer activement à l'exercice vocal sur l'*Indicateur*, et plusieurs d'entre eux peuvent être inattentifs sans que le moniteur s'en aperçoive, ou sans qu'il sache à qui attribuer les fautes d'intonation commises par négligence ou par incapacité.

Avis. Comme *appendice* aux tableaux du premier cours il est donné en deux feuilles des notions de *plain-chant* dont chacun appréciera l'utilité et la convenance.

TABLEAU D'APPENDICE DU PREMIER COURS

OU

NOTIONS DE PLAIN-CHANT EN DEUX FEUILLES *A* ET *B*.

Les *notions pratiques* de plain-chant, distribuées sur les deux feuilles (*A* et *B*) de l'appendice du premier Cours, devaient être précédées de *notions historiques* et de *notions théoriques;* mais on a craint d'introduire dans cette première partie des tableaux de la méthode des notions qui, quoique fort intéressantes par le fond, paraîtraient peut-être sortir du cadre purement élémentaire dans lequel tout le reste du *premier cours* a été strictement renfermé. Le tableau déjà composé a donc été supprimé; mais dans l'espoir que les notions exactes qu'il contenait pourront inspirer quelque interêt, placées dans ce *Complément du Guide*, on va les reproduire ici en deux paragraphes.

§ 1.

Notions historiques.

Le *plain-chant* est un reste défiguré, mais précieux, de l'ancienne musique grecque. Voici comment cette transformation s'est opérée.

Les Grecs subjugués ayant apporté tous les arts à Rome, la musique n'y fut pas oubliée, et dès le commencement de l'ère chrétienne on en fit usage dans les assemblées religieuses. Mais là on s'en tint d'abord à une sorte de récitation musicale des psaumes, telle à peu près que nous la connaissons aujourd'hui, et tirée sans doute du chant des Israélites répandus en Égypte, dans la Palestine, dans l'Asie-Mineure, la Grèce et l'Italie.

Pendant les temps de persécutions plus ou moins vives et jusqu'à la fin du IVe siècle, il n'y eut rien de fixe dans le chant de l'église; mais vers l'an 370, saint Ambroise, archevêque de Milan (ou saint Miroclet), donna une première forme régulière au chant ecclésiastique, et, d'après les *modes* de l'ancienne musique grecque, il lui imposa des règles particulières, afin qu'il fût plus sévèrement approprié à son objet et aussi pour le sauver de la barbarie et du dépérissement où la musique tombait alors. Les mélodies choisies par saint Ambroise étant fort simples et presque toutes syllabiques, on a donné aux chants de ce caractère le nom de *chant Ambroisien ;* telles sont les *préfaces de la messe*, *le symbole de Nicée*, etc.

Dans le Ve siècle et dans une grande partie du VIe, l'invasion des Barbares avait réduit la musique aux chants de l'église, lorsque, de 599 à 604, le pape saint Grégoire-le-Grand, faisant de nouveaux emprunts à la musique grecque, compléta le système ambroisien et donna au chant ecclésiastique romain la constitution fixe et définitive qu'il a conservée jusqu'à nos jours.

Saint Grégoire confectionna en outre un rituel composé de pièces choisies dans les meilleurs restes de l'antiquité, et, non content d'avoir formé un corps complet de doctrine, il prit le meilleur moyen de le maintenir et de le propager par l'établissement d'une école où l'on élevait dans la science du chant de jeunes orphelins qui fournissaient ensuite de bons chantres aux diverses églises de la chrétienté.

Déjà avant lui, vers 493, sur la demande de Clovis à Théodoric-le-Grand, le chant perfectionné avait été introduit en France par le chanteur Acorède, choisi par le savant Boèce ; mais ce fut le moine saint Augustin, l'apôtre de l'Angleterre, qui, envoyé par saint Grégoire, introduisit le *chant romain* dans ce pays, comme il fut aussi porté en Allemagne, vers cette époque, par saint Boniface de Mayence.

En 787, Charlemagne ayant demandé au pape Adrien Ier des chantres pour corriger de nouveau le chant français, le pape lui en donna deux très instruits nommés Théodore et Benoît, avec des antiphonaires notés par saint Grégoire lui-même. De ces deux chantres, l'un fut placé à Soissons et l'autre à Metz, et Charlemagne ordonna à tous les chantres de France de corriger leurs livres et d'apprendre le chant romain ; ce qui s'exécuta avec plus ou moins de difficultés et de succès.

Ainsi du IIIe siècle au VIIIe, et même jusqu'au XVe, la mélopée ecclésiastique fit de constants progrès ; en effet, l'église, pour donner plus de pompe et de solennité à ses cérémonies, avait admis successivement dans la liturgie des cantiques et des hymnes dont les mélodies plus variées étaient assujéties à une sorte de rythme à la fin de chaque verset ou de chaque strophe; certaines hymnes même, composées à l'instar de la poésie grecque ou latine, étaient entièrement soumises à la quantité rythmique. Enfin, au XVe siècle, par suite de la révolution opérée dans le système musical par *Guido d'Arezzo* (1022), le chant à plusieurs parties, qui commençait à devenir en usage, venant à être considéré comme *musique* proprement dite, sous le nom de *res facta* (composition), *musica ficta* (musique feinte), le chant simple, uni et non mesuré de l'église conserva exclusivement le nom de *musica plana*, *cantus planus*, PLAIN-CHANT. En mémoire des améliorations et des corrections que saint Grégoire avait faites à toutes les pièces du chant ecclésiastique, et parce qu'il avait mis de l'ordre dans les graduels et les antiphonaires qu'il copia lui-même ou qu'il fit copier sous ses yeux, le plain-chant se nomma aussi *cantus gregorianus*, **Chant Grégorien.**

« Le *chant grégorien* ou *romain*, établi par Charlemagne, subsista assez « généralement en France jusqu'au commencement du XVIIIe siècle, époque à « laquelle les évêques français résolurent de réformer leur liturgie, ce qui eut « un résultat déplorable quant au chant, parce que presque partout des gens « ignorants et sans goût substituèrent des plain-chants insipides au chant « romain qui, dans son extrême simplicité, a conservé de la phrase et du « nombre. »

§ 2.

Notions théoriques.

Première constitution du chant ecclésiastique par saint Ambroise.

Vers l'an 370, saint Ambroise, archevêque de Milan, donna au chant ecclésiastique une première constitution qui fut conservée pendant près de deux siècles.

Il tira des anciens *modes grecs* quatre échelles diatoniques ayant pour *finales* les notes *ré, mi, fa, sol*, et pour limites l'étendue d'une octave.

N. B. Pour les détails sur le système des *tétracordes* grecs, voir le deuxième tableau complémentaire du deuxième cours.

Les quinze cordes ou notes du genre diatonique des Grecs, partagées en *tétracordes* ou demi-gammes de quatre notes.

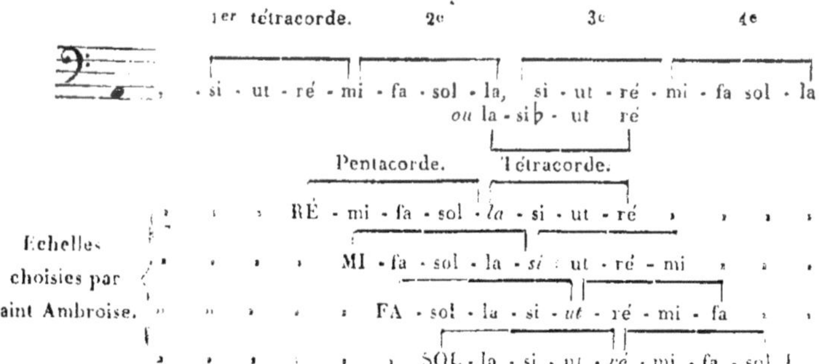

(1) Les syllabes *ut, ré, mi,* etc. sont employées ici pour indiquer les sons, quoiqu'à cette époque on se servît encore des lettres grecques. Deux siècles plus tard, saint Grégoire, remarquant que l'ordre de succession des sons se reproduisait le même de sept en sept degrés, réduisit les signes de la notation aux sept premières lettres de l'alphabet latin :

A - B - C - D - E - F - G, pour la première octave ;
a - b - c - d - e - f - g, pour la deuxième ;
aa - bb - cc - dd pour le commencement de la troisième octave.

C'est *Guido d'Arezzo* qui, dans le douzième siècle substitua les syllabes *ut, ré, mi,* etc. aux lettres ci-dessus.

Remarque. Chacune des échelles du chant ecclésiastique, comme celles des *modes grecs*, est divisée en deux parties inégales formant *pentacorde* (cinq notes) et *tétracorde* (quatre notes), tandis que, dans la musique moderne, la gamme est formée de deux tétracordes semblables par la disposition de leur demi-ton : *ut ré-mi-fa, sol-la-si-ut.*

Ces quatre échelles, modes ou *tons* primitifs de l'église, furent appelées *tons authentiques*, à cause de la haute approbation qu'ils reçurent ainsi de saint Ambroise.

N. B. Les expressions *modes* et *tons* sont équivalentes dans le plain-chant, tandis que dans la musique le *mode* est une modification du *ton*, puisqu'il y a, par exemple, *ton d'ut mode majeur, ton d'ut mode mineur*

Constitution définitive du Plain-Chant par saint Grégoire.

Deux siècles après saint Ambroise, entre 590 et 604, le pape saint Grégoire-le-Grand donna au chant ecclésiastique une constitution fixe et définitive en ajoutant au système ambroisien quatre autres modes grecs qui furent appelés *plagaux* ou collatéraux, à cause de leur position latérale par rapport à chacun des quatre tons *authentiques*.

On verra ci-après que dans le *plagal*, qui a la même *finale* que son authente, le *tétracorde* est au bas de l'échelle du ton au lieu d'être en haut.

(Remarquer ci-après : 1° la position latérale du ton *plagal* par rapport à son *authente ;* 2° la *finale* (oo) commune aux deux tons collatéraux ; 3° la transposition du tétracorde qui, dans le plagal, est au bas de l'échelle du ton.)

TABLE DES HUIT TONS RÉGULIERS DU PLAIN-CHANT TIRÉS DES MODES DE L'ANCIENNE MUSIQUE GRECQUE, PAR SAINT AMBROISE (LES TONS IMPAIRS), ET PAR SAINT GRÉGOIRE (LES TONS PAIRS).

(Signes : oo finales, o dominante.)

Nom des Modes Grecs.	DORIEN.	HYPO-DORIEN.	PHRYGIEN.	HYPO-PHRYGIEN.
Tons du Plain-Chant.	Ier ton (authentique). Pentacorde. Tétracorde.	IIe ton (plagal).	IIIe (authentique).	IVe (plagal).
Nom des Modes Grecs.	LYDIEN.	HYPO-LYDIEN.	MIXO-LYDIEN.	HYPO-MIXO-LYDIEN.
Tons du Plain-Chant.	Ve (authentique).	VIe (plagal).	VIIe (authentique).	VIIIe (plagal).

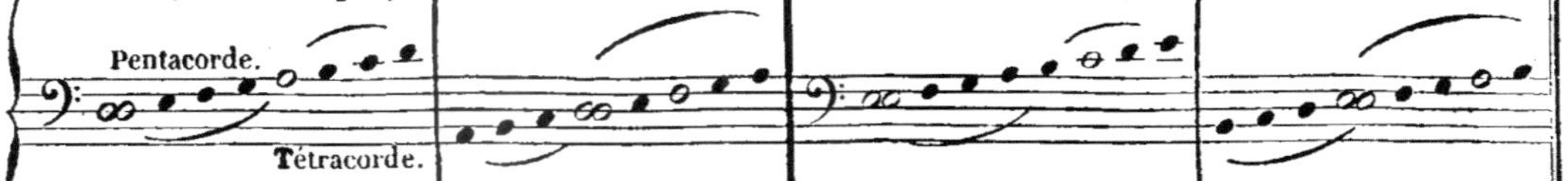

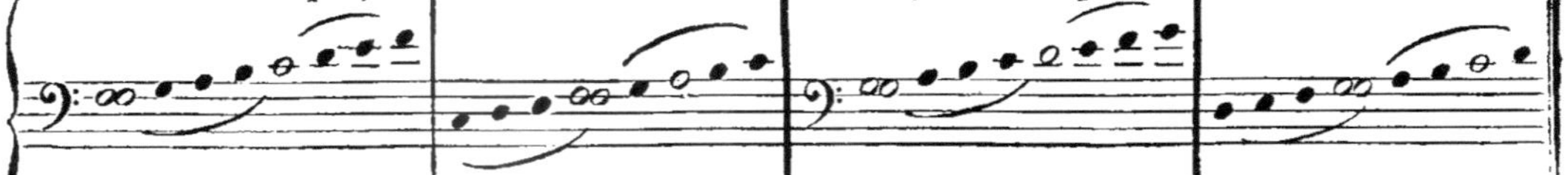

N. B. On a d'abord compté *douze tons* du plain-chant, comme *douze modes grecs*, en prenant des six notes *ré, mi, fa, sol, la, ut* pour finales; mais le nombre en a été réduit à huit, parce que les quatre derniers tons (finales *la* et *ut*) n'offraient que des transpositions exactes des tons I-II et V-VI (finales *ré* et *fa*).

D'après leur rang respectif, les authentes se nomment communément *tons impairs*, et les plagaux *tons pairs.*

(On imprime hymne du 1, hymne du 6, antienne du 8, pour indiquer du premier ton, du sixième ton, du huitième ton.)

Outre sa finale, chaque ton a encore une note très remarquable; c'est la *dominante,* ainsi nommée parce qu'elle domine dans les mélodies (répons, graduels, etc.), et surtout parce que c'est sur cette note que se fait la *psalmodie* ou récitation des *psaumes*, d'une manière qui tient le milieu entre le chant et la parole.

(Voir les dominantes notées en *O*).

La *dominante* des tons authentiques est la *quinte* même de la finale, et la dominante du plagal est une *tierce au-dessous* de la dominante de l'authente; dans aucun cas le *si* n'est employé pour dominante; on lui substitue la note *ut.*

(Vérifier ce rapport des finales avec les dominantes.)

Remarque. Les *tons de l'église* ne sont pas soumis aux lois des *tons de la musique* (tableaux 24 et 25); les deux demi-tons n'y sont pas toujours entre 3-4 et 7-8; au contraire, dans le plain-chant ils restent au lieu qu'ils occupent naturellement dans chaque échelle, à moins qu'il n'arrive un *si* ♭ pour éviter le *triton fa–si* ou la *quinte diminuée si-fa*, qui sont exclus comme durs et difficiles à entonner. C'est parce que le *si* est ainsi *variable* qu'on lui substitue l'*ut* comme dominante dans le troisième et dans le huitième.

La *tonalité* des modes ecclésiastiques resulte donc bien moins du lieu différent des deux demi-tons dans chaque mode que du rapport tout-à-fait caractéristique de la *finale* avec sa *dominante* authente ou plagale.

REMARQUES SUR LES TABLEAUX

DU DEUXIÈME COURS DE LA MÉTHODE.

(3e - VIIIe ou 3e Section de la VIIIe Classe.)

Ainsi que nous l'avons déjà rappelé au commencement de la 2e - VIIIe qui complète les études de lecture musicale et de chant élémentaire pour les élèves des *écoles primaires élémentaires* et pour les *commençants* dans les institutions; la série des tableaux du deuxième cours (3e-VIIIe, tableaux 43 à 73 et tableaux d'appendice) offre, dans une même suite de *divisions* des *Secondes*, des *Tierces*, etc., un enseignement complémentaire et de perfectionnement sur chacune des études précédentes, pour les écoles *primaires supérieures* et pour les autres établissements d'instruction publique.

TABLEAU 43.

1. Troisième analyse de la *Seconde*.

Remarque. Dans le deuxième cours de la méthode, tous les intervalles (de la *seconde* à *l'octave*) se présentent écrits d'abord en notes naturelles ou altérées sur presque tous les degrés; puis on s'assure du savoir réel des élèves à cet égard en se servant des deux notes *blanches* de l'*Indicateur-Vocal* pour faire poser non-seulement les deux notes de l'intervalle dont on analyse actuellement les variétés, mais encore, et par occasion, tous les intervalles revus précédemment.

Ce dernier travail d'une analyse, qui est à la fois théorique et pratique, fort utile pour donner plus de sûreté à l'intonation à vue de musique, sert en même temps d'excellente préparation pour les études d'*harmonie*. (Introduction du *Guide*, page 11.)

2. Troisième étude de l'intervalle de secondes; parties d'accompagnement.

Remarques du tableau 26.

TABLEAU 44.

1. Troisième analyse de la *Tierce*.

Remarque du tableau 43.

Avis. Ici, comme dans le premier cours, on doit toujours continuer les lectures littérales ou lectures rythmiques, selon les procédés accoutumés, en attendant le tour de chant particulier de chaque groupe ou l'ensemble des groupes différents.

2. Troisième étude de l'intervalle de la *Tierce*.

Remarques du tableau 26.

TABLEAU 45.

Suite de la troisième étude de l'intervalle de la *Tierce*.

1° Dernière remarque du tableau 23-*A* sur l'utilité de faire toucher et solfier ou chanter sur la main tous les airs de la méthode.

2° Remarques du tableau 26.

TABLEAUX 46, 47 ET 48.

(Voir la table synoptique des tableaux.)

Remarques du tableau 43 pour les analyses et du tableau 26 pour l'exécution.

TABLEAU 49.

1. Troisième analyse de la *Quinte*.

Remarque du tableau 43.

2. Troisième étude de l'intervalle de *Quinte*. — Syncopes régulières et syncopes brisées.

REMARQUE. Ce tableau donne sur les syncopes les développements annoncés par le tableau 26 (premier cours).

TABLEAU 50.

Suite des chants et des solféges sur l'intervalle de *Quinte*.

REMARQUE. Pour la marche n° 4, comme pour tous les morceaux dont les *parties* sont sur une même feuille, les *parties* doivent être lues en mesure, solfiées et chantées d'abord séparément et à l'unisson.

TABLEAUX 51, 52 et 53.

(Voir la table synoptique des tableaux.

Remarque du tableau 43 pour les analyses.

Remarques des tableaux 26 et 50 pour l'exécution.

TABLEAU 54 - *A* et *B*.

(Deuxième cours.)

Suite des études rythmiques du $\frac{6}{8}$.

REMARQUE. Ce tableau est le complément des études commencées sur le tableau 37 (premier cours) et terminées sur le tableau 59.

TABLEAU 55.

Suite de la troisième étude de l'intervalle de *Sixte*; nouvelle étude des triolets.

(Tableau 39, premier cours.)

Remarque du tableau 50.

TABLEAU 56 - *A* et *B*.

1. Modulations. — Table des modulations ordinaires. — Tons et modes analogues.

2. Tons et modes incertains dans la mélodie; modulations extraordinaires.

REMARQUE. On remettra en lecture les deux feuilles de ce tableau, ainsi que celles du tableau 64 - *A* et *B*, comme on doit d'ailleurs le faire, en général, pour les tableaux où il y a des textes qui demandent à être revus jusqu'à ce qu'ils aient été bien appris.

TABLEAUX 57, 58, 59 et 60.

(Voir la table synoptique des tableaux.)

Remarques du tableau 43 pour les analyses, et des tableaux 26 et 50 pour l'exécution.

TABLEAU 61 - *A*.

Exercices rythmiques et préparatoires pour la mesure dite à un temps et pour la mesure à cinq temps. — Première solmisation à un temps.

REMARQUE. L'exercice préparatoire sur la mesure à cinq temps suffit pour faire connaître cette mesure, qui est peu usitée, mais dont on trouve un heureux emploi dans un morceau de *la Dame Blanche* de Boieldieu.

TABLEAU 61 - *B*.

Lecture de la clef d'*ut* à toutes ses positions.

Remarque 1. Il faut repasser les exercices de la mutation des clefs mobiles sur l'*Indicateur-Vocal* d'après les procédés du chapitre IV (page 59).

Remarque 2. Au moyen des exercices préparatoires et si faciles de la transposition de clefs mobiles sur l'*Indicateur-Vocal*, les grandes difficultés de la transposition notée et de la lecture avec changement de clef sont aplanies, tant pour ce tableau que pour le tableau 67-*B*.

TABLEAUX 62 et 63.

(Voir la table synoptique des tableaux.)

Remarques des tableaux 43, 50 et 26.

TABLEAU 64 - *A* et *B*.

1. Analyse de la phrase et de la période musicale. — Rythme, dessin, symétrie, répétition, imitation. — Incise.

2. Ponctuation musicale. — Ce qu'on entend par phraser et prosodier en chantant.

Remarque. Ce tableau, dont l'objet est de la plus haute importance pour l'entente de l'exécution musicale, sera remis en lecture, comme cela a déjà été recommandé pour le tableau 56 et autres tableaux avec texte.

TABLEAUX 65 à 72.

(Voir la table synoptique des tableaux.)

Remarques des tableaux 26, 43, 50 et 64.

TABLEAU 72.

Fin des solféges de la division des octaves.

Remarque. Ici se termine la gradation que l'auteur a cru nécessaire d'établir dans sa méthode par rapport aux études, tour à tour séparées ou réunies, sur l'intonation et le rythme. Il ne reste plus qu'à entretenir les élèves dans cet état d'avancement de *lecture musicale et d'exécution vocale*, afin de cultiver leurs dispositions et de perfectionner leur goût [1]. Arrivés à ce point, les élèves, à qui cela pourrait être utile, commenceront avec succès les études du *second degré de l'Instruction musicale*, telles que nous les avons décrites dans l'Introduction du *Guide* (page XII).

(1) Consulter à cet égard le *N. B.* du tableau actuel.

TABLEAU 73 - *A* et *B*.

Deux morceaux composés par Perne pour les concours de solfége du Conservatoire de Paris. — Changements de clefs, de mesures et de mouvements.

Remarque. Tableau à mettre en réserve pour le présenter aux élèves les plus habiles à des époques d'examens.

TABLEAUX D'APPENDICE DU DEUXIÈME COURS,

EN 4 FEUILLES.

APPENDICE nº 1 - *A* et *B*.

1° Origine et génération des sons de la gamme diatonique.

Remarque 1. La feuille *A* de ce tableau offre des notions succinctes, mais exactes, sur le fait important de l'*origine et de la génération des sons de la gamme diatonique.* Nous désirons qu'il soit possible de le lire avec l'attention qu'il semble devoir mériter comme établissant les véritables fondements de toute connaissance harmonique. Pour être parfaitement compris, il ne demande d'ailleurs aucun effort; et, comme il était le quarante-septième tableau de la deuxième édition, nous avons vu de jeunes enfants de dix à douze ans le suivre avec intérêt et en raisonner parfaitement bien, parce qu'ils possédaient tous les éléments précédents dont ce tableau n'est que le résumé.

Remarque 2. Il est nécessaire d'avoir égard aux renvois à l'*Indicateur-Vocal,* en y appliquant les procédés décrits dans le chapitre IV, page 65.

Remarque 3. Voici le détail des expériences que l'on peut faire sur le forte-piano, et même avec une guitare, pour rendre sensible à l'œil et appréciable à l'oreille le fait de la résonnance des harmoniques d'une corde sonore et grave.

1° Deux cordes sonores (c'est-à-dire susceptibles de rendre des sons musicaux) étant tendues et montées de manière à produire l'octave l'une de l'autre, si l'on fait vibrer la première, on voit frémir la deuxième et on l'entend résonner : cette première expérience est facile à vérifier sur plusieurs instruments, tels que le *piano,* la *guitare,* etc.

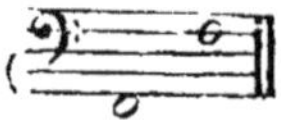

(1o Pour le *piano,* en levant les étouffoirs, si l'on met sur chacune des deux cordes, par exemple ([notation musicale]) un petit morceau de papier à cheval (∧), les deux papiers sautillent à la fois quand le marteau du clavier frappe une seule de ces deux cordes; et si l'on frappe le *sol* qui est tout à côté, les papiers ne bougent pas. 2o Pour la *guitare,* en pinçant à vide la troisième corde (*ré*), le petit papier placé à cheval sur son octave (cinquième corde, troisième case) sautille, et le papier placé sur la troisième corde *sol* ne bouge pas.)

3° Dans tout système de cordes sonores tendues et accordées, l'octave n'est pas le seul son qu'une corde grave fasse résonner; on voit encore vibrer les cordes qui donnent la douzième et la dix-septième du son générateur (c'est-à-dire l'octave de sa quinte et la double octave de sa tierce). Cette deuxième expérience peut se vérifier comme la première.

(Même emploi de petits papiers à cheval sur les cordes qui doivent vibrer, afin de les voir sautiller lorsque l'on donne le son générateur, tandis que d'autres papiers sur des cordes intermédiaires ne bougent pas.)

3° Enfin, un troisième phénomène musical, plus étonnant peut-être, consiste en ce qu'un corps sonore et grave mis en vibration produit à lui seul et à la fois le son principal 1, entendu pleinement, et, avec un degré de force décroissante, l'octave, la douzième et la dix-septième.

Voici un exemple noté à partir du *fa*.

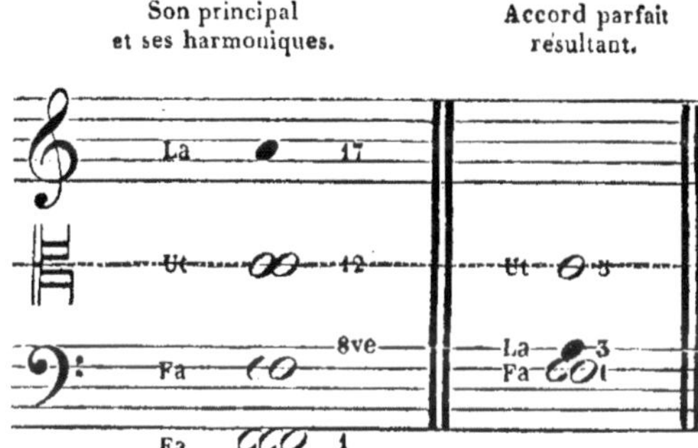

N. B. On a marqué ici par la différence des signes de la notation le degré de force décroissante des sons : OOO indique le son générateur ; OO est son octave (faible) ; O sa douzième (plus faible), et ● sa dix-septième (très faible).

Cette troisième expérience, plus délicate à faire que les deux premières, peut se vérifier sur une corde grave de la basse ou de la contre-basse, et avec un tuyau d'orgue. — En levant les étouffoirs du forte-piano on entend aussi les sons co-existants notés ci-dessus, tant parce qu'ils sont produits par la corde génératrice que parce qu'ils résultent de la vibration des cordes à l'octave, à la douzième et à la dix-septième.

4° Les sons qui co-existent ainsi avec un son principal se nomment ses *harmoniques*. Dans l'exemple précédent, les harmoniques de *fa* sont *fa* (octave), *ut* (douzième), *la* (dix-septième), ce qui produit, en transportant le *la* à son octave inférieure la succession des tierces de l'accord parfait 1-3-5.

(A faire examiner sur l'exemple : 1° pour le son principal et ses harmoniques, 2° pour la formation des tierces successives de l'accord parfait.)

N. B. Une note grave du piano, touchée fortement en octaves, fait vibrer et résonner ses harmoniques parmi les cordes d'une guitare posée à plat sur ce piano. On peut vérifier l'expérience en accordant la guitare avec le piano et en plaçant de petits papiers à cheval sur les cordes. (Extrait des douze leçons hebdomadaires de musique vocale par M. B. W.)

2. Origine et génération des sons de la gamme chromatique.

Remarque. Cette feuille *B* ne paraît surchargée qu'à cause du texte de *procédés*, qui, s'il est suivi scrupuleusement, fera comprendre facilement un point ardu de la théorie, bien nécessaire pourtant pour arriver à une pratique éclairée de la simple exécution musicale. On y découvrira par une suite de déductions fort simples le fait matériel de toute espèce de composition musicale.

APPENDICE n° 2, *A* et *B*.

1. Aperçu historique des progrès de la notation musicale, etc. — 2. Recherches sur la main harmonique des anciens, etc.

Remarque 1. Une grande partie du texte même de la feuille *B* de ce tableau a été insérée dans les *Remarques sur le tableau des mains musicales* (page 78), parce que le *Guide complet* sera fourni aux personnes qui peuvent ne pas avoir le deuxième cours.

Remarque 2. D'après le cercle étroit que l'on s'était tracé ici, il n'a pu être dit qu'un mot sur le système des tétracordes grecs ; mais on trouvera dans le tome XII, p. 67, du *Dictionnaire des découvertes*, un article que nous y avons fourni sur une *Nouvelle exposition de la séméiographie*, ou *Notation musicale des Grecs, par F. L. Perne*, savant et consciencieux artiste dont l'Europe musicale déplore la perte récente.

APPENDICE,

Ou Recueil des Rapports et autres pièces officielles à consulter pour renseignements relatifs à la *première édition de la Méthode* (1821), et par conséquent à la *première introduction du chant dans les écoles élémentaires en* 1819.

N° I.

A MONSIEUR

LE COMTE CHABROL DE VOLVIC,

CONSEILLER D'ÉTAT, PRÉFET DU DÉPARTEMENT DE LA SEINE, PRÉSIDENT HONORAIRE DE LA SOCIÉTÉ POUR L'ENSEIGNEMENT ÉLÉMENTAIRE, MEMBRE DE L'ACADÉMIE ROYALE DES BEAUX-ARTS, ETC.

Monsieur le Comte,

Publier sous vos auspices la *Méthode de musique et de chant* adoptée par la Société pour l'Instruction Elémentaire, et déjà si puissamment encouragée par vous, c'est rendre à la protection la plus éclairée l'hommage d'une légitime reconnaissance.

Puissent de nouveaux succès justifier la bienveillante approbation accordée aux premiers résultats de cet ouvrage. Puissent-ils contribuer à étendre sur toutes les classes de la société l'influence morale d'un art qui vous devra une grande partie de sa véritable naturalisation en France !

J'ai l'honneur d'être avec un profond respect.

Monsieur le Comte,

Votre très humble et très obéissant serviteur,

BOCQUILLON-WILHEM.

Paris, 1821

N° II.

EXTRAIT DE LA PRÉFACE

DE LA PREMIÈRE ÉDITION (1821).

Il existe dans les arts plusieurs points de théorie et beaucoup de détails de pratique qui sont confiés à la simple tradition; ce sont, pour ainsi dire, des secrets que les professeurs habiles et les grands maîtres peuvent seuls révéler. Pourquoi cependant les livres n'essaient-ils pas, en général, de fixer une partie de ces traditions? C'est qu'elles semblent se refuser à un classement régulier, et que souvent on fait dépendre leur communication d'une sorte d'à-propos, qui, pour naître, attend la faute de l'écolier, mais ne la prévient pas. Certes, le plus grand nombre des cas de la pratique ne saurait se passer d'une transmission orale et de la présence du maître; mais aussi beaucoup de préceptes épars et fugitifs pourraient enrichir nos traités. Il paraîtrait donc que, par rapport à ces préceptes surtout, le mérite essentiel d'un ouvrage classique devrait être d'ordonner le travail de telle sorte qu'il ne se présentât guère à l'esprit d'un élève que des questions d'à-propos dont la réponse déductive lui fût immédiatement offerte par son livre. Ce plan de composition renferme de grandes difficultés, si on veut l'appliquer à une partie quelconque des études musicales. Toutefois, pour tenter un essai, j'ai cherché à employer les moyens qui conviennent à toute espèce d'instruction, lorsqu'on veut n'omettre aucun des faits principaux; ce sont les procédés analytiques et les conséquences logiques.

Le mode d'enseignement des écoles mutuelles commandait également cette marche, si facile à suivre et si difficile à frayer. Pour ces écoles tout doit être clair et précis; chacun y sait ce qu'il a étudié, parce qu'il a compris le mécanisme de son instruction; et l'enfant parvenu aux fonctions de moniteur général saisit le rapport de chaque partie avec le tout, comme il embrasse aussi d'un coup d'œil les parties diverses dont le tout se compose.

Quelle est donc la magie de cet enseignement dont l'attrait est si vif et si puissant pour les jeunes élèves! Le principe pourrait-il en être blamâble, les procédés en sont-ils étranges, et ses résultats sont-ils incertains? Non. Diviser l'étude d'une matière en sections dont l'objet special soit bien déterminé, et dont les rapports se saisissent sans efforts; établir dans chaque section un ordre ascendant de difficultés appréciables par tous les esprits; obtenir dans un même temps et dans un même lieu la simultanéité du travail de ces diverses sections; remplir d'une noble émulation l'élève qui dépasse ses rivaux sans les humilier; laisser la carrière ouverte tout entière devant l'activité et la force, sans rebuter la faiblesse; récompenser la sagesse et le savoir par l'honorable mission de diriger et d'instruire ses semblables; distinguer ainsi l'élite d'une école nombreuse et former de jeunes sujets qui, tour à tour maîtres et écoliers, ont toujours à gagner en reportant une attention nouvelle sur les objets de leurs études antérieures : voilà les principes, les procédés et les résultats de l'enseignement mutuel *proprement dit*, de ce système parfait d'instruction dans lequel il y a *une place pour chacun*, parce que *chacun y est à sa place*. Les esprits éclairés sentent l'excellence du principe et l'utilité des procédés; pourquoi tous ces esprits n'en approuvent-ils pas les conséquences [1]!

. . . .

(1) L'objet de l'ouvrage, le plus grand nombre de ses procédés et sa classification rigoureuse doivent également se distinguer de ce que les personnes qui ne connaissent pas assez l'organisation des écoles modernes pourraient citer comme le premier modèle de l'enseignement mutuel musical. Je veux parler d'une partie de la méthode des Conservatoires d'Italie. Le premier volume de musique de l'*Encyclopédie méthodique*, publié en 1791, donne une description fort curieuse de l'un de ces établissements, à l'article *Conservatoire*, fourni par feu M. Framery. Voici la transcription littérale de cette description.

« Il y a trois Conservatoires à Naples pour les garçons; il y en avait quatre à « Venise pour les filles. Ceux de Naples sont : *Sant. Onofrio, la Pietà* et *Santa* « *Maria di Loretto*. Ce dernier, le plus fameux, conserve le souvenir d'avoir eu « pour maîtres *Leo* et *Durante*, et d'avoir formé pour élèves les *Traëtta, Piccini*, « *Sacchini, Guglielmi, Anfossi, Paësiello*, etc.

« Il y a environ quatre-vingt-dix élèves à *Sant. Onofrio*, cent vingt à *la Pietà* « et deux cents à *Santa Maria di Loretto*. Chacun d'eux a deux maîtres princi- « paux, dont l'un enseigne la composition, et l'autre l'art du chant. Il y a en « outre, pour les instruments, des maîtres externes, qu'on appelle *maestri seco-* « *lari;* ils enseignent le violon, le violoncelle, le clavecin, le hautbois, le « cor, etc., un maître pour chaque instrument, mais seulement pour les instru- « ments usités dans les orchestres.

« On demandera peut-être comment un seul maître pour la composition, com- « ment un seul pour le chant peuvent donner leçon à deux cents élèves. On « pourra croire qu'un grand nombre passe souvent plus de huit jours sans en re- « cevoir; on se tromperait. Chaque écolier reçoit chaque jour une leçon au moins « d'une heure, dans chaque genre, et voici comment on s'y prend :

« Le maître choisit quatre ou cinq des plus forts élèves; il les exerce tour à « tour en présence l'un de l'autre avec le plus grand soin. Quand cette leçon est « donnée, chacun des élèves qui l'a reçue la rend à son tour à quatre ou cinq au-

Arrivé au moment d'une rédaction définitive, et pour laquelle, à bien des titres, je demande une entière indulgence, j'ai songé que les professeurs ne devaient pas avoir à recommencer leurs études pour être en état d'introduire la méthode dans

« tres d'une classe inférieure, et sous l'inspection du maître. Ces seconds écoliers « en font autant, et la leçon se propage ainsi jusqu'aux derniers rangs. Parmi « tous les avantages sensibles de cette méthode, il faut distinguer ceux-ci, qu'en « même temps que les élèves s'instruisent dans l'art musical, ils apprennent à « enseigner les autres; qu'ils ne peuvent écouter légèrement les préceptes qu'on « leur donne sans que le maître s'aperçoive à l'instant même de leur négligence « ou de leur distraction, et que les principes de l'art ainsi reçus et rendus au « même moment se gravent dans leur esprit de manière à ne jamais s'en effacer.

« M. Burney, auteur anglais d'une *Histoire générale de la musique*, a publié « en 1771 une description curieuse de sa visite au *Conservatoire de Sant. Onofrio.* « On sera peut-être bien aise d'en trouver ici la traduction.

« J'allai ce matin, dit-il (vendredi 31 octobre 1770), à ce *Conservatoire* pour « visiter les salles où ces jeunes gens étudient, couchent et mangent. Sur le palier « du premier étage était un joueur de trompette, faisant crier si fort son instru- « ment qu'il était près d'en crever. Au second était un cor, beuglant à peu près « de la même manière. Dans la salle commune des études était un *concert hollan- « dais*, consistant en sept ou huit clavecins, un plus grand nombre de violons « et diverses voix, tous exécutant des choses différentes et en différents tons. D'au- « tres élèves écrivaient dans la même salle; mais comme il était fête, un grand « nombre de ceux qui travaillent ordinairement dans cette salle en étaient alors « absents. Il peut être convenable pour la maison de les réunir ainsi tous ensem- « ble; cela doit accoutumer les élèves à être fermes sur leur partie, quelle que soit « celle qu'ils entendent exécuter en même temps; ils doivent encore y gagner de la « vigueur, étant obligés de jouer fort pour s'entendre eux-mêmes; mais au milieu « d'une telle confusion, de cette dissonance perpétuelle, il est absolument impos- « sible qu'ils donnent à leur exécution un certain degré de délicatesse et de fini; « de là cette dégoûtante rudesse, si remarquable dans leurs exercices publics, et « ce manque absolu de goût, de netteté, d'expression qu'on reproche à ces « jeunes musiciens, jusqu'à ce qu'ils les aient acquis ailleurs.

« Leurs lits, qui sont dans la même salle, leur servent à placer leurs clave- « cins et autres instruments. De trente à quarante jeunes gens qui étudiaient dans « cette salle, je n'en pus trouver que deux qui jouaient le même morceau... Les « violoncelles s'exerçaient dans une autre, et les flûtes, les hautbois et autres « instruments à vent dans une troisième, excepté les trompettes et les cors, qui « sont obligés de jouer sur les degrés ou sur le comble de la maison.

« La seule vacance pour toute l'année, dans ces écoles, est en automne, et ne « dure que peu de jours. Dans l'hiver, les jeunes gens se lèvent deux heures « avant le jour et ne cessent d'étudier depuis ce moment jusqu'à huit heures « du soir, excepté une heure et demie pour le temps du dîner. Cette constance « au travail pendant plusieurs années, jointe à leur génie naturel et à de bons « principes, doit en effet produire de grands musiciens. »

Il est dit dans cette citation que les jeunes gens travaillent à la musique depuis six heures du matin jusqu'à huit heures du soir, et pendant plusieurs années. C'est assurément beaucoup de temps, et on pourrait soupçonner qu'avec ce temps et les moyens naturels d'élèves distingués (on renvoie ceux qui n'ont pas

les établissements qui leur sont confiés, et tout en cherchant à procurer la solidité d'une véritable instruction, je me suis astreint à n'employer pour la notation que les signes qui sont connus, ou directement ou par analogie, des maîtres, des parents et des élèves.

Les personnes instruites reconnaîtront que ce qu'il y a de commun entre les autres ouvrages et le mien tient essentiellement à la nature du sujet, et dérive de sources communes dont

de dispositions), les jeunes chanteurs apprennent plutôt malgré la méthode d'exécution simultanée que par le secours de cette méthode. Quant à la transmission de la leçon du jour, on voit que les premiers élèves instruisent les seconds, les seconds instruisent les troisièmes, etc. Cela ne se passe donc pas instantanément, mais d'heure en heure, et tous les élèves ne reçoivent à peu près dans le jour qu'une même leçon donnée par des *répétiteurs*, procédés qui ne sont pas ceux de la méthode décrite dans cette préface. Il est vrai que c'est un peu l'enseignement dit mutuel des écoles dans lesquelles la Société déclare que ce mode n'existe pas, parce que par le seul mot de *mutuel* elle sous-entend, non un procédé ou deux de la méthode, mais toute l'organisation des écoles autorisées sous ce nom par le gouvernement.

On n'admet les exercices spéciaux de musique et de chant dans les écoles élémentaires que pendant une heure et quelques minutes, retranchées d'ailleurs d'une trop longue récréation. Il a donc fallu une disposition d'instruction telle que, dans cette limite étroite, toutes les classes de musique pussent chanter successivement et simultanément.

Pour chercher à accomplir la belle pensée de M. de Gérando, je me suis défendu de risquer les discordances de chants non composés pour être exécutés ensemble. Il s'agit ici d'éviter les cris, et non d'en laisser pousser à qui mieux mieux par des enfants qui chercheraient à s'entendre au milieu d'une sorte de *charivari*. La malheureuse coutume de chanter ainsi est reprochée à certains concerts populaires, et l'éducation auriculaire doit tendre au contraire à faire changer cette pratique pour la génération qui s'élève. Les *suspensions* et les *retards* harmoniques sont déjà de trop dans les premiers temps de l'introduction du chant dans un établissement public [1].

J'ai cru que, pour des oreilles absolument novices ou qui ont besoin d'être ramenées à des sensations plus douces, il était utile de leur donner d'abord une idée de la convenance des sons purement consonnants, et que le premier point était de mettre les élèves à même de distinguer ce qui est mal par un vif sentiment et une pratique soutenue de ce qui est bien. Lorsqu'on voudra, comme dans les écoles dont parle le docteur Burney, essayer des ensembles discordants, on fera exécuter simultanément des parties de chant qui ne se rapportent pas au même morceau. Une expérience de cette nature peut se tenter, et l'on jugera facilement de la différence des résultats sur la physionomie des élèves, des maîtres et des assistants.

(1) Ce que l'on peut présenter de hardi, et presque tout ce que la règle peut imposer de plus sévère aux oreilles des jeunes élèves, est accumulé dans la méthode concertante de M. Choron, à laquelle on doit déjà d'excellents lecteurs.

je ne voudrais pas supposer que les inventeurs modernes ignorassent l'existence.

Je ne prétends pas avoir inventé ce qu'on trouve dans *Sebalde Heyden* (dont l'ouvrage a été imprimé en 1537) et dans ses prédécesseurs, c'est-à-dire une portée sans notes composée de *dix* lignes, dont il extrait ensuite trois portées particulières de cinq lignes chacune, sous la dénomination de *pars systematis acuta* (clef d'*ut* sur la première ligne), *pars systematis media* (clef d'*ut* sur la troisième ligne), *pars systematis gravis* (clef de *fa* sur la quatrième ligne). L'extraction des petites portées tirées d'une seule grande, a été également reproduite par J.-J. Rousseau lorsqu'il trace d'abord une portée de *douze* lignes. Mais cette idée n'est ni développée ni suivie dans ces auteurs, comme je l'ai fait avec *onze* lignes sur mes tableaux de principes (N° 15 à 20 1re édition). Je n'ai pas inventé la *main harmonique* des anciens: on lit dans le père Mersenne que *les enfants avaient coutume de prononcer et de chanter les notes en* MONTRANT AVEC UN DOIGT LA PLACE DE CES NOTES *aux phalanges et à l'extrémité des doigts de l'autre main;* mais j'ai substitué à ce moyen des *mains mélodiques* à côté desquelles j'ai eu le soin de rapporter la main harmonique. Je n'ai pas non plus inventé l'usage de la *baguette*, que les écoles d'enseignement mutuel ont accréditée en France dès 1815, et dont elles se servent pour faire étudier sur leurs tableaux, depuis les lettres isolées de l'alphabet jusqu'aux lignes et aux contours du dessin linéaire. On savait aussi depuis longtemps que la gamme est composée des deux tétracordes disjoints *ut ré mi fa* et *sol la si ut*, semblables l'un à l'autre par la disposition de leurs intervalles, et pouvant par conséquent se chanter avec les mêmes noms de notes, comme cela se faisait en partie au temps du chant par *muances*, qui a précédé celui de l'invention du nom de la note *si*. Je n'ai pas inventé la notation en chiffres, étendue par Rousseau; j'en ai pris seulement ce que les enfants savent partout : que huit personnes différentes peuvent se compter par 1, 2, 3, 4, etc.; que la première du rang peut s'appeler 1, la seconde 2, et ainsi des autres; d'ailleurs *mon système d'objets sensibles à la vue* est diamétralement opposé aux abstractions qu'offre la numération comme moyen de représenter les intervalles musicaux.

Mais je regarde comme appartenant à la méthode : la classification que j'y ai établie, le procédé des intervalles rendus sensibles à la vue par des *signes manuels;* l'*Indicateur-Vocal*, qui a

(1) *In ea siquidem notæ describuntur, in locis articulorum et in extremis digitis, in quibus a pueris cani pronuntiarique solent.* Le Père Mersenne, *De Generibus et Modis*, Paris, 1636.

pour caractère distinctif ses *compartiments* diésés et bémolisés, et ses *clefs et notes mobiles* et *palpables*, caractère qu'aucun prédécesseur ne saurait réclamer; les *mains mélodiques* et leur clef d'*ut*, sous forme d'anneau, qui les met en rapport avec le clavier général et *l'Indicateur-Vocal;* les procédés d'analyse tracés sur les tableaux des *études de la mesure*, et l'idée de faire prononcer les noms de figures des notes, *ronde*, *blanche*, *noire* (B), les *dictées parlées* et simultanées avec le chant; enfin je regarde, comme le propre de ma méthode, le système complet formé de tant de parties diverses. (N° III des rapports.)

(B) Le procédé qui consiste à faire lire et prononcer en mesure, sans chanter, les noms de notes *ut, ré, mi*, etc., n'est pas nouveau assurément; mais il y manquait, à mon avis, une première exécution analytique fort importante pour l'entière décomposition des élémens de la lecture musicale. En effet, il y a déjà deux opérations réunies quand, sans chanter, on prononce des notes à tel ou tel *temps*, parce qu'elles ont une certaine figure, et qu'on les qualifie *ut*, *ré*, *mi*, parce qu'elles occupent une certaine position sur la portée. C'est pourquoi, dans la première classe de ma méthode, les premières figures de notes, rangées sur une seule ligne et n'offrant par conséquent aucune idée d'intonation, se lisent en battant la mesure et en prononçant les noms de formes *ronde*, *blanche*, *noire*.

FIN DE L'EXTRAIT DE LA PRÉFACE DE LA PREMIÈRE ÉDITION.

N° III.

PROPOSITION *soumise à la Société, le 23 juin* 1819,

PAR M. LE BARON DE GÉRANDO[1].

MESSIEURS,

Vous avez accueilli avec bienveillance les idées que j'ai pris la liberté de vous soumettre successivement, soit relativement au choix et à la confection des livres, soit relativement à l'enseignement élémentaire de la grammaire, soit relativement aux écoles d'adultes et de domestiques, soit relativement à une direction pour les apprentissages au sortir des écoles, soit enfin relativement aux soins de la surveillance qu'exigent les enfants dans l'intervalle des classes.

Oserai-je vous soumettre encore aujourd'hui une vue d'amélioration, dont je sens depuis long-temps le besoin, mais dont je m'étais interdit de vous parler jusqu'à ce jour, par la juste fidélité que je devais à la règle que nous nous sommes imposée de ne développer les améliorations qu'avec une sage lenteur, et d'une manière graduelle?

L'amélioration que je prends la liberté de vous proposer pourrait paraître prématurée à quelques personnes, singulière peut-être à d'autres. Mais la défiance que j'ai de moi-même se rassure, en me bornant à poser une question et à vous prier de l'envoyer à l'examen d'une commission spéciale, qui en jugera bien mieux les inconvénients ou l'utilité.

La question est celle-ci:

« Ne serait-il pas convenable d'ajouter dans nos écoles, à l'en-« seignement, quelques exercices de chant et de musique?

« Dans ce cas, quelle étendue, quelle méthode, quelle forme, « quels instants devrait-on donner à ces exercices, pour les « mettre en harmonie avec l'ensemble du système? »

Je supplie qu'on ne se prévienne pas; s'il est reconnu qu'on peut enseigner à lire et à écrire, sans faire de tous les enfants des savants et des gens de lettre *ex professo*, on concevra qu'il soit possible de laisser exercer les enfants au chant et à la musique, sans en faire pour cela des artistes et des *virtuoses*.

(1) (Journal d'éducation, tome VIII, page 234.) Paris, — Louis Colas, rue Dauphine, n° 32.

Qu'il me soit permis de demander si dans les ateliers de nos villes, si au travers des champs, nous ne rencontrons pas chaque jour des ouvriers, des laboureurs, qui, au milieu de leurs pénibles et monotones travaux, chantent aussi, et qui, loin de négliger leur ouvrage, le font, en chantant, avec plus d'ardeur et de gaîté. Ils ne rêvent point pour cela, ni aux concerts, ni à l'opéra; mais, au lieu de retours sombres, et amers peut-être, sur la dureté de leur condition, ils sentent soulager le poids de leurs fatigues. Ces simples accords sont comme une fleur semée dans les sillons de la vie humaine. Ceux d'entre nous qui ont visité l'Allemagne ont été surpris de voir toute la part qu'a une musique simple aux divertissements populaires et aux plaisirs de famille, dans les conditions les plus pauvres, et ont observé combien son influence est salutaire sur les mœurs. J'ai souvent entendu en Italie un charretier, conduisant sa voiture, chanter sur les grandes routes quelques stances du Tasse, des portefaix célébrer notre Renaud dans les strophes de l'Arioste, sans que le fardeau parût plus pesant ni que la charrette versât. Nous voyons les habiles professeurs qui restaurent l'éducation gymnastique unir avec succès le chant aux mouvements qui demandent de grands efforts ou une grande précision. Nous avons tous vu, à l'armée, la musique et les chants nous rendre des forces dans les marches forcées, nous ranimer au besoin, et préluder à d'héroïques efforts. Les vainqueurs de Fleurus vous raconteront qu'ils chantèrent en chœur quand, au travers d'une grêle meurtrière, ils emportèrent d'un pas rapide et d'un front serein cette batterie redoutable, dont la prise décida de la victoire.

N'appréhendez point, Messieurs, que je remonte ici au souvenir de la Grèce, à la puissance qu'exerçait la musique chez les anciens; je me borne à indiquer des faits actuels et familiers. La musique qui, aux yeux de quelques-uns, n'est que le délassement du riche, est un utile auxiliaire pour les efforts d'une vie laborieuse ; non-seulement elle soutient et délasse, mais elle règle les mouvements; en les rendant plus harmonieux, elle les rend plus faciles. Il est un grand nombre d'arts dans lesquels les mouvements de l'ouvrier ont besoin d'une grande régularité ; dans tous les arts, ils sont d'autant moins fatigants qu'ils sont mieux cadencés. Vous avez sagement introduit dans les écoles le dessin linéaire, comme un exercice utile pour donner de la précision à l'œil et à la main. Ne serait-il pas permis de penser qu'un peu de chant en serait le complément naturel et concourrait au même but? Ce serait presque une portion essentielle de l'éducation physique, celle qui forme les organes des sens.

Si nous considérons ensuite que la grossièreté des mœurs est, dans les classes inférieures de la société, l'une des sources les plus abondantes des vices, regarderons-nous comme indifférent tout ce qui peut les tempérer d'une manière insensible? ne nous accordera-t-on pas que l'exercice d'un chant simple pourra y concourir efficacement? L'harmonie est une sorte de lien entre l'ordre moral et la vie animale. Elle est un langage qui enseigne les sentiments doux et bienveillants; elle porte la sérénité dans l'esprit; elle accoutume à goûter tout ce qui est ordonné; ainsi l'arrangement, la propreté, l'économie, semblent en quelque sorte marcher à sa suite. Il paraîtrait que le goût du chant devrait être parmi nous un goût populaire, que l'habitude de ces exercices serait éminemment dans les mœurs françaises. Pourquoi cependant la France, placée entre l'Allemagne et l'Italie, connaît-elle moins que ces deux contrées l'usage général d'exercices semblables? Ne serait-ce point parce qu'ils sont inconnus dans nos écoles?

Je ne dirai point tout l'avantage qu'on en pourrait tirer dans les cérémonies religieuses et dans une foule d'autres circonstances; je ne ferai point sentir avec quelle utilité ils pourraient, dans les heures du repos, remplacer des plaisirs souvent funestes à la santé et aux bonnes mœurs. Qui ne les préférerait aux jeux de hasard, aux cris du cabaret? Du moins, ils ne ruineraient aucune bourse et n'exciteraient aucune rixe; et si, en même temps qu'on s'occupe de rédiger des livres populaires, des hommes de bien et des gens d'esprit s'occupaient aussi de composer des chants populaires, combien de sentiments utiles ne pourrait-on pas propager ainsi, ou entretenir d'une manière insensible? J'ai supposé que les auteurs de ces chants seraient des gens d'esprit, et je l'ai dit à dessein; car il faut beaucoup plus d'esprit qu'on ne croit pour savoir bien faire des choses simples.

Voyez du moins comme de semblables exercices s'allieraient naturellement et heureusement à ceux qui se succèdent dans nos écoles. Je suppose qu'ils ouvriraient chaque classe du matin et du soir, et qu'ils la termineraient aussi. A l'ouverture, ils accroîtraient encore l'hilarité qu'on remarque déjà chez nos élèves, garantiraient leur assiduité par l'attrait du plaisir, porteraient la sérénité dans ces jeunes têtes, inspireraient les dispositions les plus favorables pour cette suite d'actions et de mouvements qui doivent se développer avec ordre, harmonie et ensemble. A la fin de la classe ils seraient une récompense et un délassement. Si nous parvenons à instituer les écoles du dimanche, ils y joueront un grand rôle et seront le premier moyen pour les faire réussir.

Ces exercices seraient en quelque sorte une expression sensible de l'esprit qui anime toute notre méthode.

Et, lors même qu'ils ne contribueraient qu'à rendre nos enfants heureux, j'avoue que ce motif serait d'un grand poids à mes yeux. *Enfance et bonheur* sont deux choses qui vont si bien ensemble! le bonheur dans le jeune âge est souvent une semence pour les bonnes qualités dans l'age mûr. Et puis, donnons toujours du bonheur quand l'occasion s'en présente; il n'y en aura jamais de trop, et il est bon ici de prendre ses avances; la vie est courte!

Si, après nous avoir reproché de faire nos enfants trop habiles, on nous reprochait un jour de les rendre trop heureux, je m'y résigne pour ma part et je prends volontiers condamnation; je dirai plus, j'ai souvent regretté que les jeux des enfants ne fissent point partie de ce qui remplit les heures dans les écoles publiques; car ces jeux sont plus qu'on ne pense une partie de l'éducation. Notre méthode du moins y remédie à beaucoup d'égards, en associant le plaisir au travail, et c'est aussi certainement un de ses plus grands avantages.

L'idée que je présente serait-elle d'ailleurs si inexécutable?

Devrais-je rappeler que, dans les écoles des frères de la doctrine et dans celles des sœurs de la charité, chaque matin et chaque soir une portion du temps est donnée aux cantiques; que dans nos propres écoles on termine par chanter en chœur le *Domine, salvum?* Déjà M. le préfet de la Seine a introduit dans l'école normale l'enseignement du plain-chant, pour que les maîtres puissent former des enfants de chœur. Je ne propose que de faire un pas de plus, d'ajouter quelques minutes le soir et le matin, d'égayer, d'embellir, d'animer votre ouvrage.

Oui, j'ose le croire, les chants de ces innocentes créatures seront des bénédictions pour vous; en réjouissant vos oreilles ils attendriront vos cœurs.

Je ne me permets point d'ailleurs de présenter ici les moyens d'exécution. Je me borne à poser la question; le moment me paraît en être venu : une expérience du moins, si le principe est agréé.

N° IV.

EXTRAIT ***du premier rapport présenté au Conseil d'administration de la Société pour l'enseignement élémentaire, au nom de sa Commission spéciale de musique*** [1].

MESSIEURS,

Quand M. le baron de Gérando vous a fait la proposition d'introduire *le chant élémentaire* dans les écoles du premier degré, vous avez tous été frappés de la justesse des vues développées par notre collègue, qui exerce avec tant de succès, au milieu de nous, l'honorable initiative de toutes les améliorations dans l'enseignement primaire. Il a fait voir l'influence heureuse que pourrait avoir une pareille pratique, et la connexion réelle qui existe entre un bon emploi du chant et le perfectionnement de la morale, but final de l'instruction et de tous nos efforts. Enfin notre collègue a montré dans l'expérience acquise les fruits qu'on pouvait espérer, et il a prouvé la possibilité par l'exemple. Que pourrait-on ajouter au tableau qu'il a tracé avec des couleurs si expressives, et dont vous avez tous gardé la mémoire? Ce serait une entreprise au moins superflue. Aucune personne judicieuse n'osera révoquer en doute le pouvoir de la musique, non-seulement sur les sens, mais sur le cœur et sur l'esprit, et personne ne saurait nier qu'elle ne contribue à entretenir la douceur des mœurs. Il n'est donc nullement question ici de discuter les avantages d'une proposition qui se défend d'elle-même, et que l'exemple de toute l'Allemagne, de l'Italie, et même d'une partie de l'Angleterre, justifie suffisamment. Il faut bien plutôt se réjouir de ce que l'établissement des écoles populaires fournit une occasion précieuse de répandre ce goût d'une manière plus générale; et, en développant parmi la génération nouvelle une faculté qui ajoute à la douceur et à l'agrément de la vie, d'introduire en même temps des chansons morales et religieuses, et des chants qui inspirent l'affection envers le prince et envers la patrie.

Tout ce qui reste véritablement à examiner, c'est: 1° le mode suivant lequel il sera possible de faire entrer le chant parmi les exercices des écoles élémentaires, sans troubler les autres études; 2° laquelle des méthodes musicales actuellement en usage

(1) Journal d'éducation, tome VIII, page 239.

peut s'appliquer immédiatement au besoin et à l'organisation des écoles.

A l'égard de la première question, nous sommes convaincus que ce serait nuire à l'existence des nouveaux établissements, et même leur porter un coup funeste, que de sacrifier aucune des heures conacrées par l'usage à l'instruction fondamentale et essentielle, savoir : la lecture, l'écriture et le calcul. Quelque prix que nous attachions à l'introduction du chant, nous le regardons seulement comme un accessoire utile; on doit donc chercher, hors des heures de classe, le temps qu'il faudrait y affecter. Deux moyens satisfont à cette condition; l'un, c'est d'employer une heure, soit toute l'année, entre les classes, soit en été, après celle du soir ; l'autre, c'est d'employer le jeudi et le dimanche. Les deux moyens ne sont point opposés, ils peuvent même s'associer ensemble. On n'objectera pas que, le dimanche, les enfants sont appelés à l'église, puisqu'au contraire ils se préparent, avant de s'y rendre, aux chants religieux ; aujourd'hui les éléves chantent aussi à l'église; toute la différence sera qu'ils chanteront juste.

On objectera encore moins que les enfants ne peuvent être au travail que cinq ou six heures par jour. Le chant n'est point un travail ni une occupation capable de fatiguer. C'est l'exercice d'une faculté tout autre que celle qu'on a mise en jeu le reste du jour et qui n'a presque aucun rapport avec elle. Ne sait-on pas que la succession des exercices différents est un véritable repos? L'enseignement mutuel est en partie fondé sur ce principe, qui est de toute évidence. A plus forte raison le chant, qui n'est point une occupation sérieuse, apportera du délassement et du plaisir, bien plus qu'une fatigue nouvelle.

On se plaint, avec raison, de ce que l'intervalle entre les deux classes, de midi à deux heures, est beaucoup trop long, qu'il en résulte de graves inconvénients sous plusieurs rapports essentiels. Pourquoi ne prendrait-on pas la moitié de ce temps perdu pour l'occuper utilement?

A la vérité, les écoles vulgaires accordent deux heures d'intervalle entre les classes; mais la Société n'est point habituée à consulter la routine et à la prendre pour guide. Si donc on ne demande point des progrès rapides dans l'enseignement du chant, on peut se contenter d'y consacrer une heure, soit depuis midi et demi jusqu'à une heure et demie, soit le soir en été après la classe. Rien n'oblige de multiplier ces exercices ; mais si cela était nécessaire, on y ajouterait ceux du jeudi et du dimanche avant d'aller à l'église.

Autant l'introductiou du chant dans nos écoles est favorable et facile, autant il est malaisé de trouver aujourd'hui une méthode toute faite et immédiatement applicable. Dans le grand nombre de celles qui existent pour apprendre la musique vocale, il faut d'abord éliminer nécessairement toutes celles qui reposent sur l'enseignement individuel. En voulant les approprier à nos besoins, on ne ferait qu'une chose très imparfaite; les instituteurs, et peut-être les élèves eux-mêmes, s'étonneraient d'un contraste choquant. Mais depuis que l'on a découvert le véritable mode de communication des connaissances élémentaires, de bons esprits ont senti la possibilité de s'en servir pour enseigner les éléments de la musique et le chant. Le premier auteur en date est M. Choron qui, dès 1814, a fondé, cour du Commerce, deux écoles de soixante garçons et de soixante filles; il divisait les enfants en quatre classes graduées; ceux-ci chantaient, simultanément, autant de parties concertantes; le plus fort des élèves battait la mesure et conduisait les quatre classes sous les yeux du professeur. Le but principal était la lecture de la musique, on ne s'occupait point de l'écriture; les *intonations* et la *durée* étaient l'objet des leçons.

Appelé au tableau, chaque enfant s'exerçait à définir les intervalles et les différentes divisions du temps; mais il manquait des tableaux gradués de lecture musicale pour être exécutés en cercle; ces écoles, assez long-temps florissantes, et dont le Journal de la Société a rendu compte, ont été transportées aux Menus-Plaisirs, et depuis, le gouvernement a confié à M. Choron la direction d'un pensionnat de jeunes enfants qu'il enseigne par la *méthode concertante;* plusieurs sont devenus des sujets d'une grande force.

Quelque temps après, M. Massimino a élevé un établissement qui a obtenu des succès marqués. Il enseigne simultanément la lecture et l'écriture de la musique. On loue avec raison les exemples de chant qu'il a choisis, et qui sont généralement faciles et mélodieux; mais on cherche dans sa méthode le principe de la communication réciproque[1].

Mademoiselle Regnaut d'Alain, connue par son goût et son talent, a ouvert des écoles de musique vocale, qui sont également suivies. Elle a emprunté plusieurs procédés à l'enseignement mutuel; mais ce n'est point encore une méthode applicable aux écoles populaires.

Il faut en dire autant de plusieurs professeurs qui ont cherché à introduire le nouveau système dans l'enseignement musical, ou qui ont prétendu l'avoir fait; mais il est visible que cette méthode leur est absolument étrangère. C'est le malheur (il faut le

(1) Voyez l'extrait du rapport spécial fait sur la méthode de M. Massimino, n° V de ces pièces.

dire) de la plupart de ceux qui ne craignent pas d'annoncer journellement au public qu'ils apprennent la grammaire, les langues, l'histoire, la géographie, le dessin et les mathématiques, par le mode de l'enseignement mutuel, et qui ne seraient pas en état de servir de moniteurs dans les écoles du bas âge.

Pour abréger la liste des méthodes musicales, plus ou moins conformes à nos procédés, nous arrivons promptement à celle de M. B. Wilhem, professeur dans un des colléges royaux de Paris, connu par des ouvrages depuis long-temps appréciés des amateurs. Ce professeur habile avait introduit dans l'enseignement, avant 1814, quelques pratiques heureuses et qui ne sont pas sans analogie avec le nouveau système. Averti que la Société songeait à accueillir les éléments du chant dans ses écoles, il a cherché à résoudre le problème dans toute sa généralité. La tentative qu'il a faite mérite de fixer l'attention du conseil; un exposé succinct pourra en faire juger.

Le caractère de notre méthode est, 1° dans une classification rigoureuse; 2° dans l'usage des tableaux gradués; 3° dans l'enseignement simultané de tous les élèves, les uns après les autres. M. Wilhem divise les siens en huit classes bien distinctes. Il a des tableaux pour chacune, composés de manière à ce que les enfants, rangés aux demi-cercles, procèdent à peu près comme dans la lecture ordinaire. Enfin les classes, soit dans les bancs, soit aux demi-cercles, sont conduites entièrement par des moniteurs. Le maître, ou le moniteur général, dirige les enfants comme à l'ordinaire; il ordonne les marches et les manœuvres; il se sert des signes et des mouvements accoutumés; enfin, de temps à autre, il fait résonner le diapason pour ramener les voix qui s'égarent. Toutes ces formes sont bien celles de l'enseignement mutuel, et jusque là tout est simple et facile à saisir; le reste exige un peu plus d'attention.

Au premier abord, on se demande comment il est possible d'apprendre la musique par ce mode; en effet, la simultanéité dans la lecture des syllabes ou des phrases n'entraîne aucune conséquence fâcheuse, de quelque manière que l'enfant prononce ou articule, abaisse ou élève la voix. Ici les intonations varient à chaque exemple, à chaque cercle; ne faut-il pas craindre une horrible cacophonie de tant de sons simultanés, même en supposant que tous les élèves chantent juste? Certes, la difficulté n'est pas très petite de parer à cet inconvénient. Les quatre classes de la *méthode concertante* de M. Choron ont été faites pour y remédier; mais la subdivision des degrés est insuffisante, surtout dans une école nombreuse. Voici comment M. Wilhem est parvenu à résoudre la question. Les enfants aux cercles ne sont pas plus nombreux que dans nos écoles. La deuxième classe chante sur ses tableaux [1]; pendant ce temps toutes les autres analysent la valeur des intervalles ou bien lisent en mesure *sans intonation.*

(A la suite de ce rapport est le détail des exercices successifs et simultanés des classes de chant; nous renvoyons pour cet objet à l'exposé sommaire ci-après à la suite de l'introduction aux développements du *Guide.*)

Ainsi les conditions principales de l'enseignement mutuel et de l'arrangement des études dans nos écoles sont remplies par le plan de M. B. Wilhem.

Il est à désirer que ce professeur soit invité par le conseil à faire des essais de sa méthode dans l'une des écoles de Paris, à laquelle il voudrait bien donner ses soins désintéressés.

Le conseil jugera sans doute aussi convenable d'engager M. le préfet de la Seine à introduire le chant dans les écoles élémentaires entretenues aux frais de la ville de Paris, en transmettant à ce magistrat une copie de la proposition qui lui a été faite par M. de Gérando, et la délibération qui aura été prise à ce sujet.

Paris, le 17 août 1819.

Signé : FRANCOEUR, JOMARD, rapporteur.
le comte DE LASTEYRIE; le baron DE GÉRANDO.

N° V.

RAPPORT *sur l'enseignement du chant à l'École de la rue Saint-Jean-de-Beauvais, par une Commission formée de MM. le baron* DE GÉRANDO, JOMARD, MAINE DE BIRAN, *le comte* DE LASTEYRIE, FRANCOEUR, LE BOEUF *et* MOREL [2].

Paris, le 29 mars 1820.

MESSIEURS,

Vous avez chargé une Commission spéciale d'examiner les diverses méthodes de chant élémentaire. Après avoir assisté, le 12 août dernier, dans l'école de M. Lahaye (île Saint-Louis), à un exercice général de huit classes conduites selon la méthode de M. Bocquillon-Wilhem, elle vous a fait, le 17 du même mois, par l'organe de M. Jomard, un rapport sur cette méthode; elle vous a demandé, et vous avez consenti, que les pro-

(1) L'un des tableaux était celui de *la portée à compartiments*, transformée depuis en *Indicateur-Vocal* avec clefs et notes mobiles.

(2) Journal d'éducation, tome IX, page 202.

cédés de M. B. Wilhem, pour l'enseignement de la musique, fussent appliqués, comme essai, dans l'école de la Société. Vous avez jugé que s'il n'était pas indispensable aux enfants pauvres de savoir chanter avec goût, c'est du moins une occupation aimable, une récréation qui leur sera agréable, en même temps qu'il en résultera des avantages pour la famille entière et pour la propagation des méthodes que vous avez adoptées. Les Français sont naturellement gais; leur goût, leur caractère, les invitent à accompagner leurs travaux des accents de la voix et de chants dont la mesure règle leurs mouvements et rend leurs efforts moins pénibles. Il était fâcheux de voir qu'une aussi heureuse disposition ne fût par mieux dirigée, et que notre nation n'imitât point les Italiens et les Allemands, si renommés par leur goût musical; il est pénible d'avouer que nos hommes du peuple n'ont dans leur mélodie ni grace ni méthode, et que leurs chants sont durs, tristes et sauvages. Pourquoi, d'ailleurs, laisser à des étrangers le droit d'imposer leurs chanteurs à toute l'Europe et à nous-mêmes? La nature, aussi féconde en nos climats en êtres bien organisés, y produira autant de bons musiciens que sous un autre ciel, lorsque l'enseignement, répandu partout, permettra de distinguer les hommes qu'elle a doués des facultés que cet art exige, de les tirer du rang où ils sont nés, et, par conséquent, d'ajouter à leur bonheur, aussi bien qu'aux ressources publiques.

Les méthodes d'enseignement que vous répandez offraient, Messieurs, une occasion favorable de donner une meilleure direction au penchant que notre nation montre pour la musique: M. le baron de Gérando vous a peint les divers avantages qu'on pouvait retirer de la musique, pour augmenter le nombre des amis des nouvelles méthodes, pour animer la gaîté des enfants, pour mêler leurs voix aux chants religieux, enfin, pour régler avec plus d'ordre et de solennité nos évolutions scolaires; il vous a fait, à ce sujet, une proposition que vous avez adoptée.

M. B. Wilhem, compositeur de musique et habile professeur, qui possède un talent véritable, surtout celui qui est si rare chez les artistes, de savoir exprimer et faire concevoir leurs idées; M. B. Wilhem s'est chargé de fonder gratuitement l'enseignement de la musique sur des procédés qui lui sont propres, et qu'il dirige entièrement d'après la méthode mutuelle et simultanée dont il a fait plusieurs applications dans l'institution de M. Isidore Guillet, rue Saint-Louis, près la place Royale. C'est de l'ensemble de son travail et du résultat qu'il a obtenu, que votre Commission va vous faire l'exposé.

Vous aviez décidé, d'abord, que l'essai serait tenté dans l'école de la rue de Popincourt; mais l'éloignement rendait cette tâche trop pénible pour M. Wilhem, et c'est l'école de la rue Saint-Jean-de-Beauvais qui a été préférée. D'après la demande que vous en avez faite à M. le préfet de la Seine, c'est dans ce dernier établissement que les leçons de chant ont été données depuis quelques mois, à des jours fixés, et dans le temps de repos qui est accordé entre les classes.

Déjà plusieurs habiles artistes ont dirigé leurs tentatives vers le même but que M. B. Wilhem; mais, malgré leurs talents, nul n'a jusqu'ici pu réussir. Les commissaires n'ont vu, dans ces divers essais, que des procédés plus ou moins imparfaits et compliqués, pour donner un enseignement simultané. Depuis un temps immémorial de semblables procédés étaient en usage dans toutes les cathédrales de l'Europe, pour y former les chanteurs nécessaires au culte, lesquels bien souvent échappaient à leur destination pour venir orner nos théâtres. Des maîtres ordinairement très exercés créaient des musiciens par divers moyens qui, plus ou moins semblables, atteignaient tous le but de donner à la fois l'instruction à une classe entière. Cette méthode, qui exigeait un très long apprentissage, n'avait d'ailleurs rien de commun avec celle que nous avons été chargés d'examiner.

On ne doit donc pas être surpris si presque tous les établissements nouveaux, présentés comme propres à enseigner la musique par la méthode mutuelle, ont d'abord été très accueillis; les élèves se sont portés en foule dans des classes où on promettait une instruction rapide, selon une méthode dont le titre faisait la première recommandation, parce qu'on avait reconnu qu'elle développe promptement les facultés de l'enfance. On espérait en retirer les mêmes avantages pour le chant que pour la lecture et l'écriture, et on croyait pouvoir ainsi improviser des musiciens sans dégoût ni travail. Mais le public est bientôt revenu de son empressement; il n'a vu dans ces classes qu'une instruction simultanée, qui, bien qu'elle puisse être excellente pour l'objet qu'on s'est proposé, n'en est pas pour cela plus prompte dans ses effets, quand on l'étend au-delà d'un cercle trop borné. En un mot, il n'y a pas dans ces classes d'enseignement mutuel proprement dit, mais un abus des termes et de quelques usages de nos écoles.

M. B. Wilhem a marché sur des traces différentes; c'est véritablement un enseignement mutuel qu'il a organisé. Chaque classe écrit sur l'ardoise les notes que dicte le moniteur, et chante ensuite sa phrase musicale. Les notes sont dictées sans intonation et au moyen de l'*Indicateur-Vocal*. Ce procédé nouveau permet d'écrire simultanément, et sans confusion, les parties séparées d'une partition dont les classes font entendre l'ensemble à première vue, quand elles sont arrivées à un certain degré d'avancement. Pendant ces dictées, une autre classe chante à l'unisson ou en parties.

On distingue, surtout dans le chant, deux choses principales: la durée et l'intonation des sons. On a coutume de présenter aux élèves cette idée complexe, ce qui rend l'étude plus difficile. M. B. Wilhem a parfaitement séparé l'enseignement de ces deux notions musicales. On est convenu d'écrire les sons par des signes ou *notes* placées sur ou entre cinq lignes parallèles formant une *portée;* au besoin, on ajoute à ces lignes d'autres parallèles, soit au-dessus, soit en dessous, pour se prêter à toute extension des sons, du plus grave au plus aigu; chacune de ces notes indique une intonation, selon le degré où elle se trouve sur la portée, et elle a un signe qui en annonce la durée. Ce sont ces deux études que M. B. Wilhem a rendues plus faciles en les séparant, et même en remplaçant les notes par des signes propres à parler aux yeux. Il figure l'échelle diatonique par un escalier dont on semble parcourir les degrés à mesure que la voix monte ou descend. Cette idée simple est parfaitement à la portée de l'enfance, qui la saisit et l'applique de suite.

Pour donner l'habitude de lire les notes, l'usage des clefs et l'exercice des transpositions, M. B. Wilhem se sert d'un tableau qu'il nomme *Indicateur-Vocal,* sur lequel sont tracées les lignes de portée, coupées par quatre traits perpendiculaires, qui forment trois compartiments pour placer les notes naturelles, diésées et bémolisées; l'appareil est complété par trois clefs mobiles et huit notes également transposables. L'enfant nomme et chante la note dont on lui indique la place par un geste; c'est une chose intéressante de voir comment, à de simples mouvements de la baguette du maître ou du moniteur, l'enfant répond en proférant les sons vocaux qu'on lui a indiqués, comme s'il les avait vus écrits. Cette partie du travail de M. B. Wilhem est une chose neuve et ingénieuse, destinée à obtenir le succès dû aux inventions utiles. Aussi les enfants font-ils, par cette voie, des progrès rapides, dont nous pouvons apprécier les résultats. La méthode de M. Choron, qui a plusieurs fois été citée honorablement dans le Journal d'Education, diffère de celle de M. B. Wilhelm, en ce que, dans la première, pendant l'exécution des *duo, trio, quatuor,* etc., chacune des quatre classes ne s'exerce que sur des valeurs de mesures déterminées et qui lui sont propres, tandis que dans la seconde, les valeurs des parties sont variées et très mêlées. Au reste, les procédés et les moyens d'enseignement diffèrent absolument dans les deux méthodes.

Vous concevez, Messieurs, que nous devons renoncer à exposer ici chaque partie du plan suivi par M. B. Wilhem, dans l'impossibilité de le faire concevoir par des paroles. En assistant à un de ces exercices, on comprend à l'instant ce qui eût échappé à l'esprit guidé par la seule analyse verbale. S'il est vrai que les théories musicales ne peuvent être entendues qu'en les éclaircissant par de nombreux exemples, qui montrent la pratique des règles, à plus forte raison doit-on désespérer de concevoir, sans ce secours, des innovations ingénieuses dont le mécanisme et l'ensemble sont fondés sur l'exercice. Il ne nous reste donc, Messieurs, qu'à vous inviter à assister comme témoins à cette classe intéressante, en renvoyant, pour la division du travail entre les huit classes, au premier rapport que vous a soumis votre Commission.

C'est au mois d'octobre dernier que M. B. Wilhem a été chargé de diriger l'école musicale; des motifs de santé l'ont forcé d'interrompre ses leçons pendant un mois; si on compte les pertes de temps inséparables de la fondation d'une méthode nouvelle, dont les parents des enfants se refusaient à faire l'essai, on verra qu'il n'y a eu environ que deux à trois mois de travail utile, pendant quatre à cinq heures par semaine. Nous avons vu cependant des enfants du peuple, qui étaient dans l'ignorance la plus complète des principes de l'art musical, écrire sous la dictée des phrases musicales simples, les chanter en chœur et en parties, et même servir à leur tour de guides et de soutiens aux voix de la classe entière, qui à l'entrée et à la sortie de la salle exécutent leurs évolutions en faisant entendre, avec précision et un accord de voix très doux, des chants moraux ou religieux retenus par toute l'école sans aucune leçon ni préparation musicale, et par le seul empire de l'imitation. Le *Salvum fac Regem* entre autres est exécuté quelquefois avec un ensemble étonnant.

Il n'est pas inutile d'ajouter ici que la musique d'un certain nombre de ces chants est composée de telle sorte que les enfants font à leur insu l'étude spéciale d'un intervalle déterminé, dont chacun de ces mêmes airs est le type, et leur est rappelé comme tel en temps convenable.

M. Morel, auteur d'un traité estimé sur la musique et juge éclairé de cette matière, avait été prié de s'adjoindre à la Commission; après avoir reconnu les difficultés que présentait l'application de la méthode mutuelle à l'art du chant, il avoue que M. B. Wilhem les a entièrement vaincues. La précision dans l'exécution et les connaissances musicales dont les jeunes élèves ont donné des preuves incontestables, dans les exercices dont il a été témoin, lui paraissent des garants certains de la science et du zèle du professeur, ainsi que de la généralité des succès que l'on peut se promettre de sa méthode.

M. Perne, inspecteur-général et bibliothécaire de l'École royale de musique, porte le même jugement; par l'amour de l'art et dans l'intérêt des écoles musicales, il a examiné la méthode de M. B. Wilhem. dans toutes ses parties, avec impartialité. M. Perne «est resté convaincu (ce sont ses propres expressions) « que les procédés pour faire connaître les intervalles et la du-«rée des sons, ainsi que l'escalier vocal, la manière de faire «démontrer ostensiblement, par les élèves, la différence entre «les tons et les demi-tons, sont des plus simples à concevoir et «à exécuter, en même temps qu'ils sont des plus significatifs. «La disposition totale de l'enseignement en fait un tout capable «d'amener les enfants à l'employer *simultanément* et *mutuellement*, «et cela avec une telle connaissance de cause, qu'il leur est aussi «impossible de se tromper dans cet enseignement musical «que dans les autres, qui jusqu'ici font partie de l'école mu-«tuelle.»

Des témoignages aussi honorables appellent impérieusement les vôtres, et vous les accorderez, Messieurs, plus volontiers encore, lorsque vous saurez ce qu'il en a coûté de peines et de sacrifices pour les mériter. Malgré le dérangement de sa santé, M. B. Wilhem a rempli gratuitement les fonctions pénibles qu'il avait acceptées, afin de pouvoir établir publiquement sa méthode et en prouver les avantages par le fait. L'idée première d'une portée sans note paraît devoir être attribuée à *Sebalde Heyden*, qui vivait en 1537; jusqu'ici cette pensée est restée stérile, et c'est une suite d'expériences commencées depuis longtemps par M. Wilhem, ainsi qu'il nous en a donné des preuves, qui l'ont conduit à faire revivre l'idée de Sebalde Heyden, et à la fertiliser. D'ailleurs, les clefs et notes mobiles, le mode d'indication des demi-tons accidentels qui font le principal mérite de cet indicateur, n'appartiennent point à Sebalde Heyden. L'équité nous oblige donc, Messieurs, à constater le mérite et l'époque de l'emploi de l'*Indicateur-Vocal*, et nous avons l'honneur de vous proposer... (suivant les conclusions mentionnées dans la lettre suivante).

N° VI.

EXTRAIT *d'une lettre de MM. le Président et Secrétaires de la Société pour l'enseignement élémentaire, à M. B. Wilhem.*

Paris, le 30 mars 1820.

MONSIEUR,

La Commission chargée de suivre les travaux que vous présidez à l'école de la rue de Saint-Jean-de-Beauvais, d'en examiner les détails et de rendre compte des résultats de votre nouvelle méthode, en a reconnu les avantages et s'est empressée d'applaudir à vos efforts et au zèle dont vous faites preuve. Le témoignage qu'elle en a rendu par l'organe de M. Francœur a entraîné l'approbation unanime du Conseil d'administration de la Société, et nous sommes heureux d'être chargés de vous exprimer sa reconnaissance et de vous transmettre le résultat de sa délibération.

La Commission a remarqué que ce qui fait le principal mérite de votre *Indicateur-Vocal* consiste dans les clefs et notes mobiles, ainsi que dans le mode d'indication des demi-tons accidentels. Or, cette invention n'est réclamée par personne, et vous restez le possesseur de ce qu'il y a de vraiment remarquable dans cette partie de vos procédés.

Le Conseil, délibérant sur les conclusions du rapport, les a adoptées unanimement dans les termes suivants.

1° L'essai d'enseignement musical fait par M. Bocquillon-Wilhem, dans l'école de la rue Saint-Jean-de-Beauvais, est approuvé; *la méthode dont il a été fait usage est adoptée pour toutes les écoles mutuelles.*

2° M. B. Wilhem sera félicité sur les succès qu'il a obtenus et remercié du zèle dont il y fait preuve et des sacrifices qu'il a faits; il sera prié de continuer ses soins.

3° Les tableaux et pièces manuscrites qui contiennent les développements de ces procédés seront contre-signés par le bureau, afin de constater l'époque où ils ont été rendus par l'application.

4° Le rapport sera inséré au Journal de la Société.

5° Enfin, une copie de ce rapport sera transmise à S. Exc. le Ministre de l'intérieur et à M. le Préfet du département de la Seine.

Signé : Le duc de LA VAUGUYON, président;
Le comte de LASTEYRIE, vice-président;
Le duc de DOUDEAUVILLE, président honoraire;
Le duc de LA ROCHEFOUCAULD, président honoraire;
Le baron de GÉRANDO, secrétaire général;
JOMARD et FRANCOEUR, secrétaires.

N. B. Son Exc. le Ministre de l'intérieur et M. le Préfet du département de la Seine ont donné leur assentiment à cette délibération de la Société, et après avoir visité l'école où la méthode a été mise en pratique, ils ont encouragé la publication de l'ouvrage par la souscription du ministère de l'intérieur et par celle de la préfecture du département de la Seine. M. B. Wilhem doit compter aussi parmi ses récompenses honorables l'avantage d'avoir été appelé à la *Société des méthodes d'enseignement*, et d'être admis au nombre des membres de l'un des comités composant le conseil de la *Société pour l'instruction élémentaire.*

N° VII.

EXTRAIT *du Rapport fait par* M. Francoeur, *au nom du Comité des méthodes de la Société d'instruction élémentaire, au Conseil d'administration*[1]. (Séance du 6 décembre 1820.)

Messieurs

M. Massimino vous a adressé, il y a quelque temps, un solfége dont il est auteur, et qu'il prétend être propre à l'enseignement de la musique, par la méthode mutuelle. Le conseil ayant reconnu, par le rapport qui lui en a été fait, que cette prétention n'est pas fondée, a renvoyé ce solfége à la Société des méthodes d'enseignement, comme rentrant plus particulièrement dans l'objet dont elle s'occupe. Cette Société en a fait un examen attentif, et sa décision s'est accordée avec la vôtre, en ce qui concerne la méthode mutuelle.

M. Massimino s'est adressé au Ministre de l'intérieur pour se plaindre de votre oubli; S. Exc. demande l'opinion de la Société sur l'emploi que l'on pourrait faire de cette méthode dans l'une des écoles mutuelles de Paris.

Le Comité s'est plus que jamais convaincu que la méthode de M. Massimino n'est point propre à l'enseignement mutuel. On est même fondé à croire que cet artiste ne connaît pas l'esprit de ce mode d'instruction.

Ce qui confirme le Comité dans cette opinion, c'est que M. Massimino, dans sa lettre au Ministre de l'intérieur, se plaint des nombreux plagiats dont sa méthode a été le sujet, et déclare que celle de M. Wilhem en est la preuve. Ce comité, qui connaît parfaitement ces deux méthodes, n'y trouve rien de commun, que le titre sous lequel elles sont présentées au public, titre que M. Wilhem justifie parfaitement et que tous les suffrages environnent. Votre approbation, Messieurs, est la preuve que le mode de M. Wilhem s'accorde parfaitement avec le mode d'enseignement mutuel.

La méthode de M. Wilhem et celle de M. Massimino sont différentes sous tous les points; elles ne reconnaissent pas plus l'une que l'autre de limites aux notions musicales; et, quoique la première n'ait encore, vu le peu de temps depuis lequel on l'a mise en activité, été appliquée qu'à des chants simples, elle peut s'élever à tous les genres de difficultés. L'autre n'est qu'une

(1) Journal d'éducation, tome II, page 109.

sorte d'enseignement collectif ou simultané, qui exige la présence, le zèle et le talent du maître, et réunit toutes les qualités et les défauts du mode auquel il se rapporte. Mais la méthode de M. Wilhem consiste essentiellement à faire passer l'instruction d'un élève à l'autre, et peut, comme toutes les autres branches d'enseignement admises dans vos écoles, se passer des leçons directes du maître, qui n'enseigne que par ses moniteurs.

N° VIII.

EXTRAIT *d'un rapport fait par la Société pour l'instruction élémentaire à S. Exc. le Ministre de l'intérieur.* (Décembre 1820.)

Tel est le système des écoles mutuelles, que c'est par l'intermédiaire seul des moniteurs que l'instruction se transmet d'un élève à un autre. La présence du maître n'est indispensable que pour l'ordre et la discipline. Toute méthode qui exige l'action immédiate du maître ne peut s'appliquer à l'enseignement mutuel.

En second lieu, la classification doit être rigoureuse, et les subdivisions multipliées, autrement les progrès sont moins sûrs et moins rapides.

En troisième lieu, les moyens doivent être simples et faciles à rencontrer; un instrument, tel que le piano, par exemple, serait un meuble de luxe dans une école publique; d'ailleurs, la distribution intérieure des écoles rendrait son emploi impraticable, et l'effet en serait nul pour les cercles éloignés.

Enfin, ce n'est qu'au moyen de tableaux bien gradués, et dont chacun renferme une leçon complète, que les notions de chant ou de dessin, aussi bien que celles de lecture, d'écriture, de calcul ou de grammaire, peuvent se communiquer d'un enfant à un autre; l'enseignement mutuel ne connaît pas d'autres moyens sûrs de transmission.

Ces conditions ne sont pas remplies dans les procédés que suivent les auteurs des Traités élémentaires de musique que la Société a eus à examiner, et elles entrent toutes au contraire dans la méthode de M. B. Wilhem. S'y astreindre pour la musique vocale était une difficulté considérable, un problème qu'on a cru insoluble [1]. M. B. Wilhem est venu à bout d'y satisfaire à

(1) « Il faut observer, dit M. Choron (Notes relatives à la publication de sa « *méthode concertante*), que l'enseignement mutuel proprement dit, celui dans « lequel diverses classes réunies dans un même local reçoivent simultanément des

force de travail et de méditations. Non-seulement ses procédés sont neufs et ingénieux, mais ils sont exactement calqués sur les procédés de l'instruction mutuelle, et *applicables aux établissements de tous les degrés, aussi bien aux écoles populaires qu'aux écoles supérieures; c'est là son caractère propre.*

N° IX.

EXTRAIT *d'une lettre de S. Exc. le Ministre de l'intérieur à M. le Président de la Société pour l'instruction élémentaire, en date du* 15 *mai* 1821.

« D'après le compte qui m'a été rendu de la *Méthode élémen-« taire et analytique de musique et de chant*, et de l'intérêt que pré-« sentait cet ouvrage, j'ai souscrit, sur les fonds généraux, pour « un certain nombre d'exemplaires, que j'enverrai aux princi-« pales villes. Je crois, ainsi que vous, que l'art dont M. B. « Wilhem s'occupe ne peut trop se répandre, et je seconde-« rai, en ce qui dépendra de moi, les dispositions que la Société « que vous présidez sera dans le cas de faire dans ce sens. »

« différents moniteurs une leçon différente, est un procédé impraticable en mu-« sique, à cause de la cacophonie qui résulterait de l'audition simultanée de plu-« sieurs mélodies qui n'auraient point de rapport entre elles. » On a vu dans le rapport n° II comment la méthode échappe à cet inconvénient. Plus bas, M. Choron dit encore : « L'enseignement mutuel n'a jamais existé et n'a jamais pu exis-« ter en musique; ce que l'on a donné sous ce nom, ajoute-t-il, consiste dans quel-« ques procédés bâtards, etc. »

Cette opinion ayant été émise et imprimée sans date, avant l'adoption de la méthode d'enseignement mutuel publiée aujourd'hui, et les feuilles qui la comprennent se trouvant jointes à divers prospectus qui sont de nature à se répandre, nous devons consigner ici que M. Choron, après être venu visiter l'école-modèle de *chant élémentaire*, a porté publiquement, et en diverses circonstances, un jugement qui, conforme à celui de la Société, est par conséquent tout contraire à celui qu'il avait exprimé dans les citations que nous venons de rapporter.

N° X.

PRÉFACE DE LA TROISIÈME ÉDITION

(1835).

Un jour de juillet 1819, Béranger rencontra M. le baron de Gérando, qui lui dit : « Nous nous occupons d'introduire le « chant dans les écoles; connaissez-vous un musicien? — J'ai « votre homme, » répondit Béranger; et le soir il me raconta sa promessse [1].

Le lendemain matin, après une insomnie, j'allai présenter à M. Jomard, membre de la commission chargée par la Société d'Instruction élémentaire d'examiner les méthodes musicales, le *tableau synoptique* du travail successif et simultané des huit classes qui depuis lors ont constitué ma méthode. Un mot, un titre, dans les colonnes de ce tableau, indiquaient ma pensée. « La marche est-elle bonne? — Oui, me répondit M. Jomard, « si l'expérience confirme votre plan; si, avec les élèves de « vos classes particulières, vous nous traduisez ce tableau en « notes de musique; si le système des moniteurs peut s'y appli- « quer; si vous faites entendre à la commission les chants suc- « cessifs ou simultanés de vos groupes, et, en même temps, vos « *lectures mesurées* et sans intonation musicale; si vous effectuez « enfin les *dictées-parlées* qui se chanteront, ensuite, dites-vous, « à deux ou trois parties au moment de la lecture. »

Au mois d'août la Commission put voir et entendre, dans une salle prêtée par M. Delahaye, instituteur de l'île Saint-Louis, quarante à cinquante élèves qui montrèrent en action mon plan d'enseignement musical. « C'est bien, me dit-on, mais il faudrait « obtenir le même résultat avec des enfants ne sachant rien « d'avance. — Où ? — Dans une école gratuite, dans un quartier « populeux. — J'accepte. »

Rapport fait sur ce qui a été examiné dans l'île Saint-Louis, M. le comte de Chabrol de Volvic, préfet de la Seine, autorise

(1) Le 23 juin, M. de Gérando avait fait à la Société d'Instruction élémentaire la proposition d'introduire le chant dans les écoles populaires. (Voir l'*Appendice* dans le *Complément du Guide* de la Méthode.)

un essai dans l'école de la rue Saint-Jean-de-Beauvais, le berceau de l'enseignement mutuel [1].

La première feuille d'une méthode propre aux écoles élémentaires paraissait la plus difficile à trouver : je voulais aller du connu à l'inconnu; avec ces enfants, c'était s'élever de rien à quelque chose. Nouveau travail donc, mais sérieux, long et fastidieux, jusqu'à ce que j'eusse arrêté tout ce système de faits et de signes sensibles par lesquels j'ai cherché à arriver à l'intelligence en frappant les yeux : l'*escalier vocal*, les *signes manuels*, le *chant sur la main*, l'*indicateur-vocal avec ses clefs et ses notes mobiles*, etc.

Cet essai, deux fois interrompu par le dérangement de ma santé, dura du mois d'octobre 1819 au mois de mars 1820; il fut constaté et encouragé par MM. de Lacépède, de Prony, Dacier et Maine de Biran; Perne, inspecteur général du Conservatoire, et Morel, sous-inspecteur à l'École royale Polytechnique; par le ministre de l'intérieur, M. le comte Siméon, accompagné de M. le préfet de la Seine; par MM. Berton, compositeur dramatique; Félix Bodin, Castil-Blaze, et par les principaux artistes de la capitale. Enfin M. Francœur, au nom de la Commission de Musique, fit un rapport comparatif sur les différentes méthodes, et la mienne fut adoptée, pour toutes les écoles d'enseignement mutuel, par la Société d'Instruction élémentaire. M. le préfet de la Seine, qui donna son assentiment à cette adoption, me nomma professeur en titre de l'école-modèle, et me chargea ensuite de la direction du chant dans les écoles élémentaires de Paris [2].

La deuxième édition des tableaux de la méthode (année 1832) était un extrait de la première; aujourd'hui elle cède la place à un travail plus restreint encore, mais qui par cela même aura sans doute une utilité plus générale. (Voir le plan des deux cours, page XLIII.)

En m'éloignant ainsi du travail primitif j'ai cru devoir rappeler comment il a pris naissance, parce que son origine fixe

(1) En 1815, sur l'indication de M. Benjamin Delessert, M. Jomard, qui allait faire un voyage en Angleterre, écrivit sur ses tablettes : *Voir les écoles sans maîtres.* Deux mois après M. Jomard rapporta de Londres à Paris l'*enseignement mutuel*, c'est-à-dire, le nécessaire du pauvre; il importa en même temps les tapis économiques et les *règles* à calculer, le luxe du pauvre et la science de l'ouvrier.

(2) L'ouvrage fut pareillement approuvé par M. le ministre de l'intérieur. — Voir les rapports et autres pièces officielles imprimées à cette époque dans le *Journal d'éducation*, et réimprimées textuellement dans le *Complément du Guide.*

également l'époque de la *première introduction du chant élémentaire dans les écoles populaires.*

Ce que je pourrais ajouter encore paraîtrait peut-être purement personnel et se résume d'ailleurs en trois mots : Espoir d'un noble succès, conscience et persévérance pour le mériter.

BOCQUILLON-WILHEM,

Paris, le 15 octobre 1834.

N° XI.

PRÉFECTURE DU DÉPARTEMENT DE LA SEINE.

Extrait des Registres des procès-verbaux des Séances du Conseil municipal de la ville de Paris. (*Séance du* 6 *mars* 1835.)

Présents : MM. Beau, Besson, Boulay de la Meurthe, Bouvattier, de Cambacérès, Cochin, Ferron, Galis, Ganneron, Gatteaux, Girard, Grillon, Hérard, Husson, Jouet, La Faulotte, Laffitte, Lahure, Lambert de Sainte-Croix, Lanquetin, Lavocat, Legentil, Lehon, Michau, Moreau, Parquin, Perrier, Perret, Preschez, Thayer.

Le Conseil, vu le mémoire de M. le Préfet, en date du 19 février 1835, par lequel il propose de voter les fonds nécessaires pour l'introduction de l'enseignement du chant dans trente écoles mutuelles primaires et gratuites;

Vu la lettre de M. B. Wilhem à M. le Préfet, en date du 19 janvier 1835, dans laquelle il présente un état des dépenses qu'entraînerait l'enseignement du chant dans lesdites écoles, et, quant à son traitement personnel, s'en rapporte à la fixation qui pourra en être faite ;

Vu l'avis du comité central d'instruction primaire, qui déclare à l'unanimité que la mesure proposée est utile et conforme au vœu de la loi, que l'état des dépenses fourni par M. B. Wilhem n'a rien que de modéré, et qu'il convient de fixer à 6,000 francs le traitement qui devra lui appartenir pour la direction de l'enseignemen et l'inspection des classes de chant faites par lui ou ses répétiteurs ;

Vu la loi du 28 juin 1833 sur l'instruction primaire, art. 1er, § 3 et 4 et art. 10;

Considérant, en ce qui touche la légalité de la mesure proposée, que si la loi n'impose à chaque commune, chef-lieu de département, qu'une école primaire supérieure et par conséquent qu'une seule école où l'enseignement du chant soit obligatoire, son vœu n'en est pas moins que l'instruction primaire reçoive dans le chant, comme dans toutes les autres branches d'enseignement, selon les besoins et les ressources des localités, les développements qui seront jugés convenables ;

Qu'il convient essentiellement que la capitale, dont les besoins et les ressources sont également étendus, cède à ce vœu de la loi et donne l'exemple au reste de la France en introduisant l'enseignement du chant dans ses écoles, qui dépassent d'ailleurs presque toutes le degré d'instruction purement élémentaire; que déjà neuf écoles communales sont pourvues de l'enseignement du chant, et qu'il est juste d'accorder les mêmes moyens d'enseignement à toutes les écoles du même degré ;

Considérant, en ce qui concerne l'utilité de la mesure proposée, que l'influence de la musique vocale ne saurait être mise en doute comme moyen d'adoucir les mœurs, de compléter l'enseignement primaire, d'y introduire un repos nécessaire, de le rendre plus facile, de donner naissance à de nouvelles industries, de perfectionner certaines professions, d'alléger la fatigue des travaux pénibles, de procurer au peuple un plaisir qui l'élève à la place de ceux qui l'abrutissent et le ruinent, d'exercer la voix et l'oreille, de créer un chant national, de ramener l'unité d'intonation dans le langage et de donner progressivement plus d'harmonie à la langue;

Que les nations les plus illustres de l'antiquité, qu'une partie des nations modernes, que les principales villes de France, Paris à leur tête, en adoptant le chant pour leurs écoles, que la religion en l'employant dans ses pompes, que l'art militaire, que la gymnastique s'en faisant un auxiliaire, que la loi en la prescrivant, ont reconnu et proclamé son utilité et sa puissance;

. . . .

Considérant, en ce qui concerne le traitement de 6,000 fr. à allouer à M. B. Wilhem, pour la direction et l'inspection générale de l'enseignement du chant, qu'il s'agit à son égard, non pas seulement de rétribuer le temps et les soins qu'il va dès à présent consacrer aux trente-neuf écoles où le chant doit être immédiatement enseigné, et ceux qu'il s'engage à donner à toutes celles où il serait plus tard introduit, non pas seulement de l'indemniser des sacrifices qu'il devra faire en renonçant aux leçons lucratives que lui procurait un talent distingué pour se dévouer complétement à un modeste enseignement populaire, mais encore de récompenser en lui le créateur d'une méthode digne d'approbation et le désintéressement dont il a fait preuve pour la propager et la perfectionner depuis près de vingt ans;

. . . .

DÉLIBÈRE : 1° Il y a lieu d'introduire immédiatement l'enseignement du chant (tel qu'il existe déjà dans neuf écoles gratuites de la ville de Paris) dans les trente autres écoles mutuelles publiques de la ville de Paris, défrayées, soit directement par la ville, soit avec le concours de l'administration des hospices, et dans les écoles mutuelles qui seront ouvertes à l'avenir.

3° Le traitement de M. B. Wilhem, qui exerce dès à présent et depuis long-temps les fonctions de Directeur-Inspecteur général de l'enseignement du chant sous un titre quelconque dans les écoles primaires communales de Paris, est fixé à 6,000 francs par an, sans que la fixation de ce traitement doive un jour tirer à conséquence pour régler celui de son successeur.

. . . .

Signé au registre :

BESSON, président,
COCHIN, secrétaire.

Pour extrait conforme :

Le maître des requêtes secrétaire général,

L. DE JUSSIEU.

N° XII.

MINISTÈRE DE L'INSTRUCTION PUBLIQUE.

Paris, ce 11 novembre 1836.

A monsieur le Préfet de la Seine, Président du Comité central d'Instruction primaire de Paris.

Monsieur le Président, je vous adresse une copie du règlement que j'ai approuvé en conseil royal de l'instruction publique, et qui est relatif aux réunions de l'Orphéon dans plusieurs parties de la capitale.

Recevez, Monsieur le Président, l'assurance de ma considération distinguée.

Le Ministre de l'Instruction publique,
Signé : GUIZOT.

N° XIII.

*Règlement pour la tenue des réunions de chant dites de l'*Orphéon *sous la direction spéciale de M. B. Wilhem, directeur-inspecteur général de l'enseignement du chant dans les écoles primaires de la ville de Paris. — Extrait du registre des délibérations du Conseil royal de l'Instruction publique. — Procès-verbal de la Séance du* 8 *mars* 1836.

Le Conseil royal de l'Instruction publique,

Sur le rapport de M. le Conseiller chargé des écoles primaires,

Vu la loi du 28 juin 1833 sur l'instruction primaire, art 1er, § 3;

Vu le statut du 25 avril 1834 sur les écoles primaires;

Vu le projet du règlement dressé par le comité central de Paris, pour favoriser l'enseignement du chant dans les écoles primaires de cette ville;

Adoptant les motifs [1] et les dispositions de ce projet;

Considérant que l'enseignement du chant a été prescrit par la loi et introduit par la ville dans toutes les écoles;

Qu'il a pour effet d'adoucir les mœurs, de faciliter l'instruction scolastique, de développer les deux organes de l'ouïe et de la parole, de créer de nouvelles branches d'industrie au profit des classes laborieuses, d'alléger pour elles la fatigue de leurs travaux, de leur ménager un noble plaisir à la place d'amusements trop souvent grossiers et ruineux;

Considérant que les exercices pratiques dans les réunions de l'Orphéon, et consistant principalement en chants d'ensemble, sont le complément naturel de l'enseignement du chant, tel qu'il est pratiqué dans les écoles, d'après la méthode de M. B. Wilhem, et le meilleur moyen de faire produire à cet enseignement tous les avantages qu'on s'en promet;

Qu'ainsi il importe de soumettre ces réunions à un règlement général qui permette aux élèves les plus avancés du chant de s'y rendre des différents quartiers, et qui, en sanctionnant les règles établies jusqu'ici par M. B. Wilhem dans ces lieux d'assemblée, continue d'y faire régner le bon ordre;

(1) Les motifs du Comité central étaient exprimés en ces termes:

Le Comité central, informé des bons résultats obtenus par les réunions de chant dites de l'*Orphéon*, fondées et dirigées gratuitement depuis 32 mois (en octobre 1833) par M. B. Wilhem, Directeur-Inspecteur général de l'enseignement du chant dans les écoles communales de Paris; vu le projet de règlement au moyen duquel M. B. Wilhem propose généreusement d'étendre d'une manière régulière les avantages de ces réunions gratuites à toutes les écoles communales de Paris; considérant que l'enseigement du chant a été prescrit par la loi, etc.

ARRÊTE ce qui suit :

Article premier. Les réunions de l'Orphéon sont ou partielles ou générales.

Art. 2. Les réunions partielles ont lieu dans l'après-midi : Le premier jeudi de chaque mois dans l'école sise rue de l'Arcade, 32 *bis*, pour les élèves des premier, deuxième et troisième arrondissements ;

Le deuxième jeudi de chaque mois dans l'école La Rochefoucault-Liancourt, sise à la Halle-aux-Draps, pour les élèves des quatrième, cinquième et sixième arrondissements ;

Le troisième jeudi de chaque mois dans l'école sise rue de l'Homme-Armé, 2 *bis*, pour les élèves des septième, huitième et neuvième arrondissements ;

Le quatrième jeudi de chaque mois dans l'école de garçons sise rue des Grès, pour les élèves des dixième, onzième et douzième arrondissements.

Art 3. Les réunions générales auxquelles sont admis tous les élèves des réunions partielles ont lieu tous les trois mois, dans l'après-midi, le dernier dimanche des mois de janvier, avril, juillet et octobre, dans les locaux et aux heures qui seront désignés vers ces époques.

Art. 4. Ne seront admissibles aux réunions de l'Orphéon que :

1° Les élèves du chant de la huitième classe, désignés par le répétiteur, signalés par le Directeur et la Directrice de l'École, comme sujets studieux et de bonne conduite, et dont les parents auront consenti à les faire jouir de cette faveur ;

2° Les anciens élèves que M. le Directeur général du chant aura autorisés à continuer de suivre les réunions.

Les uns et les autres reçoivent une carte d'admission personnelle signée de lui.

Art. 5. Sur la demande des parents, il pourra accorder à certains bons élèves, par une autorisation spéciale, la permission de se présenter à des réunions partielles autres que celle de leur division musicale.

Art. 6. Les jeunes garçons peuvent arriver seuls aux réunions.

Les jeunes filles doivent y être conduites nécessairement par petits groupes selon la convenance des familles, par une de leurs mères ou parentes, ou par toute autre personne responsable, qui peut assister à la séance, ou qui doit revenir exactement, un quart d'heure avant la sortie, afin de reprendre et de reconduire ces enfants.

A chaque réunion est de service une femme de confiance, sans laquelle aucune jeune fille ne peut s'absenter pendant la séance.

Art. 7. Les répétiteurs de chant, affectés au service musical et de surveillance des réunions, se rendent au lieu d'assemblée un peu avant l'heure d'arrivée, et sont chargés de recevoir et de faire placer les Orphéonistes ainsi qu'il suit :

Les jeunes filles, les adultes femmes et les dames, anciennes élèves, autorisées à suivre les réunions, entrent dans la salle au fur et à mesure qu'elles arrivent et se rangent au côté et à la place qui leur sont destinés ;

Les jeunes garçons attendent dans le préau l'heure d'entrée; ils sont rangés là par écoles, sous la surveillance de moniteurs désignés par les répétiteurs de chant; leur entrée en classe s'effectue régulièrement au pas et par sections d'élèves de la même classe ; ils vont se placer aux bancs qui leur sont réservés du côté opposé aux jeunes filles.

Les adultes hommes, élèves actuels ou anciens, prennent place sur les bancs du fond à droite ou à gauche, de manière à laisser un intervalle entre eux et les jeunes garçons d'un côté, et les jeunes filles et les dames de l'autre.

Art. 8. Aux jours de réunions partielles, les Orphéonistes doivent arriver de cinq heures et demie à six heures. L'entrée en classe a lieu à six heures précises et l'appel à six heures dix minutes.

Les absents sont pointés; les présents, parmi les jeunes garçons et les jeunes filles, reçoivent des billets de présence qui doivent être remis, au retour, à leurs parents.

Art. 9. Le chant commence à six heures et demie et cesse à huit heures un quart.

Dans les moments de repos les élèves sont interrogés à haute voix sur la méthode.

Art. 10. MM. les Inspecteurs de l'instruction primaire de la Seine sont chargés de veiller à l'exécution du présent règlement.

Signé :

Le conseiller vice-président : VILLEMAIN.

Le conseiller exerçant les fonctions de secrétaire : V. COUSIN.

Approuvé, conformément à l'art. 21 de l'ordonnance royale du 26 mars 1829.

Le ministre de l'Instruction publique : PELET.

Pour ampliation, délivrée le 11 novembre 1836,

P[illegible]r le ministre et par délégation :

Le maître des requêtes chef de la division du secrétariat : A. GENIE.

Pour ampliation,

Le membre secrétaire du comité central de l'instruction primaire pour la ville de Paris : COCHIN.

FIN DE L'APPENDICE DU GUIDE COMPLET DE LA MÉTHODE.

www.ingramcontent.com/pod-product-compliance
Ingram Content Group UK Ltd.
Pitfield, Milton Keynes, MK11 3LW, UK
UKHW020555180726
13838UKWH00001B/249